関西学院大学研究叢書 第152編

音楽療法の視点に立った保育支援の試み

実践記録の分析と新たな提案

谷村宏子

関西学院大学出版会

音楽療法の視点に立った保育支援の試み

実践記録の分析と新たな提案

はじめに

　最近、「音楽療法」という言葉が保育者の間にも広まってきている。その背景には、特別支援教育の普及に伴い、保育の中でも個別の指導計画が求められるようになってきたことが考えられる。ところが、保育者にとって「音楽療法」に興味・関心はあるものの、どのような内容なのかわからないので知りたい、また、音楽療法の視点を保育の音楽活動に取り入れることは可能なのだろうか、といった声が聞かれる。そこで、実際に音楽療法士の資格をもつ筆者が幼稚園の中で音楽療法の視点に立った保育での支援を試みた。本書では、その取り組みの実践記録を多面的に分析したうえで保育における新たな提案を行っている。

　「音楽療法」は本来、心身に障害がある対象者・児の回復を目的として、ある一定の訓練を受けた音楽療法士が計画的な音楽活動を行うものであることは周知している。しかし、一般的に子どもたちは、専門家の音楽療法を受けるよりも、日頃の保育の中での音楽活動に参加する機会の方が圧倒的に多いのである。また、音楽療法を「音楽によって人の心と身体の調子を整える行為」であると広義にとらえるならば、それは普通の保育の場にも活かされてよいものだろう。そして、筆者が行ったのも、まさにそうしたことだった。「〜の視点に立った」というタイトルにしたのもそのためである。

　もちろん「療法の視点」というからには、その対象となる子どものタイプを見定めなければならない。対象児のもつ障害に合った方法を見出す必要がある。筆者が向き合った対象児は「自閉症」であった。自閉症児を対象にしたのは、自閉症児やその傾向をもった子どもへの適切な対応が保育の場で極めて重要な課題となっているからである（詳細は「序章」を参照のこと）。

　筆者は主に一人の自閉症児に、その子どもが幼稚園の中で周りにうまく溶け込めることを目指して、音楽による支援を行った。そして、その

中での筆者の支援と子どもの活動を分析し省察した。本書はその記録である。

　全体は問題の所在を示した序章と、4つの章からなる。第1章は、1人の自閉症児に対して筆者が行った音楽による支援の実践記録とその分析・考察であり、本書の中核をなす。第2、3章はそれを違った角度から見直し、かつ、方法の整備を図ったものである。そして、第4章では新たな実践に向けての提案を行った(これら4つの章の概略については、序章で改めて詳しく示した)。本書は体裁としては研究書のかたちをとってはいるが、何よりもまず、「実践記録」として読んでいただきたい。

　もちろん研究者として、先行研究に多くを学びつつそれを現場の実践と結びつける方途を筆者なりに探ったつもりであるが、力不足で十分に分析できなかった点もある。多くの方がたのご批判、ご鞭撻をいただければ幸せである。

2012年1月

谷村 宏子

目次

序　章 …………………………………………………… 9

1　問題の所在と研究の目的 …………………………… 11
2　幼稚園・保育所の障害児受け入れの現状と課題 14
3　自閉症／音楽療法——定義とその問題性 …… 17
　（1）自閉症とは　17
　（2）自閉症児が抱える問題　18
　　対人関係
　　コミュニケーション
　　認知
　（3）音楽療法とは——そして、その保育の場への応用　21
　　音楽療法の起源
　　音楽療法の定義
　　音楽療法の目標
　　音楽療法の諸形態
　　教育現場における音楽療法の実践
　　保育現場における音楽療法の視点
4　障害児への支援と音楽療法に関連する先行研究の概観 … 27
　（1）保育の場における支援　28
　（2）障害児（自閉症児を含む）に対する音楽療法の視点から
　　　の働きかけ　29
　　集団を対象とした事例
　　個人を対象とした事例
　　養護学校および特別支援学校の音楽科教育での試み

第1章
個別支援の実践による自閉症児の音楽行動の変容………… 41

1 音楽療法の視点による個別支援 ………………… 43
 （1）保育での個別支援　43
 （2）音楽療法の視点　44
2 支援の概要と記述・分析の方法 ………………… 44
 （1）対象児のプロフィール　45
 （2）実践期間と目標・留意点　46
 （3）使用した楽器と楽曲　46
 （4）記述と分析の方法　47
3 実践報告と考察 …………………………………… 48
 （1）実践によるステージ別音楽行動　48
 （2）考察　73
  音楽行動の変容
  音楽活動がA児に与えた心理的影響
  コミュニケーション力の発達

第2章
自閉症児を対象とした音楽活動における音・音楽の機能　85

1 発達臨床的視点 …………………………………… 87
2 分析の方法 ………………………………………… 88
3 結果と考察 ………………………………………… 90
 （1）8ステージにおける音楽の機能の分類　90
 （2）実践結果の分析と考察　103

第3章
乳幼児音楽行動の発達プロセススケールの作成と音楽行動の分析……………………………………………………………109

- 1 プロセススケールの意義 …………………… 111
- 2 「乳幼児音楽行動の発達プロセススケール」の実際 … 112
    - (1) 発達段階の区分　112
    - (2) 音楽行動の項目　113
    - (3) 「乳幼児音楽行動の発達プロセススケール」　113
- 3 プロセススケールによる評価 …………………… 119
    - (1) 8つのステージ別の評価　119
    - (2) 総合的評価と考察　126
- 4 プロセススケールの妥当性 …………………… 129
    - (1) 新しい事例1：B児の状況と音楽行動の変容　129
        - B児のプロフィール
        - 実践期間と目標
        - 実践の報告
        - 総括的考察
    - (2) 新しい事例2：C児の状況と音楽行動の変容　141
        - C児のプロフィール
        - 実践期間と目標
        - C児の実践における結果と考察
        - 総括的考察
    - (3) プロセススケールの妥当性の検証　149
        - 対象児3名の評価の比較
        - プロセススケール自体の評価と反省

第4章
保育における音楽療法の視点による音楽活動の可能性…159

 1 条件の整備 …………………………………… 161
   （1）自閉症児が受け入れやすい環境づくり 161
   （2）「環境」としての楽器 163
   （3）自閉症児にとって揃えたい楽器 164
   （4）ふさわしい歌唱教材 168
   （5）保育者・支援者の態度・構え 175
 2 音楽活動による支援に向けての提案 ……… 178
   （1）運動調節を目的とした音楽活動 178
   （2）模倣能力の向上を目的とした音楽活動 180

附論 省察と展望・断章……………………………187
 1 音楽療法と保育の相互補完的関係 ………… 189
 2 障害児をとりまく子どもたちの育ち ……… 191
 3 保育者養成カリキュラムにおける音楽療法の可能性 … 192
 4 自己肯定感を育む音楽活動 ………………… 192
 5 音によるキャッチボールからやり取りへ … 193
 6 模倣のモデルは大人より子ども？ ………… 194
 7 こだわりからの解放 ………………………… 195
 8 子どもに身近な素材 ………………………… 196
 9 内界に蓄積された感情表現 ………………… 197
 10 楽器音によるやり取りがコミュニケーションへの一歩 197
 11 音楽とは何か？の問いを ………………… 198

おわりに………………………………………………201

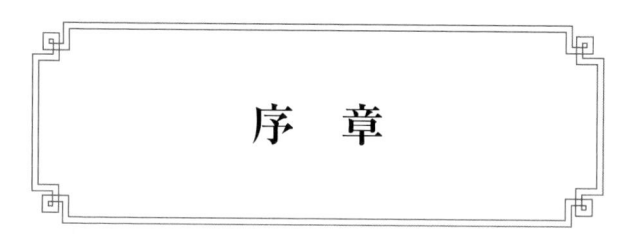

序　章

序　章

1　問題の所在と研究の目的

　保育の使命は、一人ひとりの子どもの生命を尊重し、発達を保障することにある。障害のある子どもとて例外ではない。

　近年、発達障害のある子どもや、保育者から見てその疑いのある、いわゆる「気になる子ども」が幼稚園・保育所に在籍していることが報告されている。それとともに、保育の場では、そうした子どもへの対応が焦眉の問題となった。彼らをあるがままに受け入れ、対応することが今や求められている。本研究は、そうした「対応」を、音楽の面から行う可能性を模索するものである。

　一口に発達障害といっても、その種類は多様である。広範性発達障害、知的発達障害、視覚障害、聴覚障害、学習障害、注意欠陥多動性障害など、さまざまな種類の障害があり、それに応じた対応が必要となる。そこで、本研究ではとくに、広範性発達障害の一つである自閉症を取り上げて論じることにしたい。

　自閉症児への対応は保育者にとって難しいことであるといわれている。その理由として、多動性や社会性の欠如、コミュニケーション能力の未発達などが挙げられている。自閉症児は、保育者や他の子どもとの交流が困難であり、集団の中でまったく違った行動をとることが多い。また、受け入れることのできる活動の範囲が狭く、ある特定の対象に対

する極度のこだわりも見られる。そのため、保育者は活動の中で、個別の対応とクラス運営の点で当惑気味となり、その結果、そうした子どもの二次障害につながる可能性も指摘されている。すなわち、必要な体験や他者からの働きかけが子どもに不足し、順調な発達が遂げられない、という可能性である[4]。そして、それだけに、この自閉症児への適切な対応を見出すことが、現在の保育の極めて重要な課題になっているといっても過言ではない。本研究がそうした子どもに目を向ける所以である。

さて、そのような自閉症児にとって有益だとされるのが、他の子どもとの共同・共生を目指す集団保育、すなわち「統合保育」である。この保育の方法が、①子どもを集団から隔離したり、孤立させたりしない配慮　②他方で、発達を促すような特別な保育カリキュラム　③集団の中での活動を重視しつつ、一人ひとりの子どもに対応したきめ細かい支援のプログラム、を備えているからである。

では、統合保育の中で、音楽は具体的にどのような役割を果たすことができるだろうか。そう考えたときに、一つの導きの糸として真っ先に思い浮かぶのが、音楽療法の存在である。昨今、発達障害児への適切な対応がいっそう求められる中で、一つの取り組みとして期待をよせられてきたのが、この音楽療法といえる。それは、音楽のもつ生理的、心理的、社会的働きを心身の回復、機能の維持改善、生活の質の向上に向けて意図的、積極的、計画的に活用して行われる治療法である。その場合、音楽は単なる治療の一技法や手段ではなく、この療法を受ける者を能動的に関わらせて変容を促す治療活動の、本質的な部分をなすものである[5]。つまり、それは決して一方通行の過程ではない。そこでは音楽を提供する者と受容する者との関係のあり方から表現が生まれる過程が重視される。こうした音楽療法から保育における支援について、何か学ぶところはないだろうか。

その点で、音楽療法において音楽を提供する立場にある者、すなわち、音楽療法士に求められる姿勢はまことに興味深い。これに関して、加藤博之は次の点を挙げる。①子どもを受け入れること　②音のやり取りの

中で、子どもを知ること　③子どもと柔軟にかかわること　④謙虚さと自信のバランスを考慮したかけひきを行うこと　⑤音楽のもつ力を最大限に活用すること——この５点である。これらの中で①、③については、すでに保育者が行っていることであるが、②、④、⑤についても活かすことができる。幸い、自閉症児には音や音楽に敏感に反応する傾向がある。そこで、このような音楽療法士の姿勢にならい、保育者も音楽を通して自閉症児と丁寧に接することができれば、それが彼らの情緒の安定、コミュニケーション能力の促進、社会性の改善などにつながることが期待できよう。

　学ぶ点は姿勢だけではない。これまで、音楽療法はごく一部の支援施設で専門の音楽療法士によって行われてきた。しかし、障害のある子どもも一般の幼稚園や保育所における統合保育が行われるようになってきた昨今、音楽療法そのものではないにしても、その視点や手法を具体的に取り入れた保育を行うことが必要であり、また、可能であると考えられる。

　本研究は、そうした「音楽療法の考え方と方法を活かしつつ自閉症児に対応する」保育の可能性とその具体的なあり方を、筆者自身の実践例の報告、考察、批判を通して提示しようとするものである。こうした試みは皆無だというわけではないが、今のところ極めて少ないのが現状である。それだけに本研究は、今後ますます重要性を増すであろうこの問題の理論研究と実践にとって、一つの叩き台になるものと考えられる。

　以上、ごく簡単にではあるが、本研究の目的とその背景を述べた。しかし、本論の具体的な構成を示す前に、これまでに述べた問題を、個々にもう少し詳しく見ておく必要があろう。そこで、以下、次の点を順に確認していくことにしたい。すなわち、①本研究のフィールドである幼稚園・保育所における障害児受け入れの現状と課題　②本研究にとって重要ないくつかの場面と問題　③本研究の先行研究の概観——この３点である。

2 幼稚園・保育所の障害児受け入れの現状と課題

　最初に、本研究のフィールドである幼稚園・保育所の現状と課題を確認したい。

　障害のある子どもが幼稚園や保育所で健常児と集団生活を共に送ることは、双方にとって有意義なことである。まず、障害児側の利点として、例えば渡邊千歳は、①基本的生活習慣の形成　②子ども同士のモデリング　③集団の力　④コミュニケーション能力の向上、という4点を挙げている[7]。また、宇田川久美子は、とくに自閉傾向の子どもが健常児をモデルとしながら成長、発達する過程について、他者との関係性という観点から考察し、その有効性を示している[8]。

　一方、健常児側の利点としては、例えば石井正子は次の3点を指摘している。すなわち、①人間の多様性についての理解が深まる　②困っている人や立場の弱い人への思いやりが育つ　③行動が遅い子や皆と同じようにできない子がいても、待つことができかかわりがやさしくなること、である[9]。

　また、石井が、2009年に幼稚園・保育所の園長等管理職を対象に行ったアンケート結果によると、「障害のある子どもへの対応を考えることが、保育全体のあり方の見直しにつながる」という保育者の意見も多く[10]、障害児への具体的な支援を盛り込んだ保育計画を策定する必要性を、幼稚園や保育所の保育者も感じてきているようである。

　とはいえ、現状では現場の対応にいろいろな問題が生じていることも指摘されている。まず、受け入れ側の体制の不備という問題がある。当該の幼稚園や保育所の方針によって、あるいは、保育者の人数によっては、結果として、子どもを必要以上に放置、隔離し、孤立させてしまう[11]ことが起きかねない。そして、このことは対象児に不利益をもたらし、二次障害につながる可能性も生む。しかも、この状態が続くと、子どもの発達の保障という保育の役割を保育の施設や保育者自身が放棄するこ

とにつながりかねない。

　ここに、必要な専門家の不在という問題も絡む。河内しのぶが指摘するように、多様な障害児の個々の特性に合わせた保育と、発達段階を考慮した保育の実現のためには、保育者の努力に頼るだけではなく、療育の専門家の配置や療育経験者の養成・確保が欠かせない(12)。ところが、多くの現場ではそのような専門家が常駐しているわけでない。つまり、保育の支援体制が十分には整っていないともいえる。

　さらに、個々の保育者の側も問題を抱えている。障害児の受け入れに際して、具体的にどんな点に配慮して保育を行うべきかについて保育者が多くの不安をもっている、との報告がある(13)。すなわち、保育者の障害に対する専門的な知識が不足している場合、障害児の支援を目的とした対応が難しいということにつながる。

　障害のある子どもにとって、集団保育という場は無条件に好ましいものだとは限らない。場合によっては、そうした場に入ることで、さらに発達の遅れが生み出されることもある。北野の報告にもあるように、自閉症または自閉スペクトラム（連続体）［この語については、本章3節（18頁）で説明する］は、集団になじめなかったり、こだわりのために場面の切り替えが難しかったりして、他児との関係を築くうえで多くの課題を抱えている(14)。それだけに、十分な支援体制や保育内容が準備されなければ、二次障害が生み出されることになる。

　一方、こうした保育の現状に対しては、法整備も行われている。まず、平成18年12月に「教育基本法」が全面的に改正され、「第4条　教育の機会均等」の条文に「国及び地方自治体は、障害のある者が十分な教育を受けられるよう、教育上必要な支援を講じる」という新たな規定が盛り込まれた(15)。そのため現在、障害のある子どもの教育・育成にかかる施策として、特別支援教育における一貫した支援体制の整備がすすめられている。

　また、幼児の特別支援教育については、平成20年3月告示の「幼稚園教育要領」に、障害のある幼児の指導の改善点が新たに明記されてい

る。それは「第3章第1　指導計画の作成に当たっての留意事項」の「特に留意する事項（2）」にあるもので、以下の内容である。[16]

　障害のある幼児の指導に当たっては、集団の中で生活することを通して全体的な発達を促していくことに配慮し、特別支援学校などの助言又は援助を活用しつつ、例えば指導についての計画又は家庭や医療、福祉などの業務を行う関係機関と連携した支援のための計画を個別に作成することなどにより、個々の幼児の障害の状態などに応じた指導内容や指導方法の工夫を計画的、組織的に行うこと。

　さらに、同時に告示された「保育所保育指針」においても、「第4章　保育の計画及び評価」の「(3)指導計画の作成上、特に留意すべき事項」「ウ　障害のある子どもの保育」として、以下のような留意事項が明記されている。[17]

（ア）障害のある子どもの保育については、一人一人の子どもの発達過程や障害の状態を把握し、適切な環境の下で、障害のある子どもが他の子どもとの生活を通して共に成長できるよう指導計画の中に位置付けること。また、子どもの状況に応じた保育を実施する観点から、家庭や関係機関と連携した支援のための計画を個別に作成するなど適切な対応を図ること。
（イ）保育の展開に当たっては、その子どもの発達の状況や日々の状態によっては、指導計画にとらわれず、柔軟に保育したり、職員の連携体制の中で個別の関わりが十分行えるようにすること。
（ウ）家庭との連携を密にし、保護者との相互理解を図りながら、適切に対応すること。
（エ）専門機関との連携を図り、必要に応じて助言等を得ること。

　幼稚園や保育所での集団保育の中で、これらの留意点を活かして、障

害のある子どもの発達を保障していくためには、次の課題の解決が必要となる。すなわち、①環境の整備、専門家の配置など、受け入れ体制の充実　②集団保育と個別支援の充実・連携　③保育内容の充実——この3点である。

　本研究は、この3つの課題のうち②、③の解決を目指す一つの取り組みのあり方を示唆するものである。つまり、②については、「集団保育の中での個別支援をどのようにすすめていくか」ということを、また、③については、「音楽活動を障害児の発達にどのように結びつけていくか」ということを、音楽療法の視点から明らかにしていくことが、本研究の目指すところである。では次に、その「目指すところ」をいっそう明確にしていきたい。

3　自閉症／音楽療法——定義とその問題性

　本研究の問題設定は本章1節でごく簡単に行った。そしてその際、問題を構成する2つの重要な要素たる「自閉症」と「音楽療法」についても、簡潔に触れた。だが、本研究の問題をここで十分に提示し、本論で展開するには、そうした「要素」について、今一度そのあり方を確認しておく必要があろう。

（1）自閉症とは

　まず最初に、一方の要素である「自閉症」について確認していく。
　自閉症（autism）は、現在のところ臨床遺伝学的に多因子の疾患であると報告されているものの、原因やメカニズムがいまだ十分にはわかっていない。また、治療方法として、認知障害を改善する薬も開発されていない。そのため、現在のところ、早期発見に伴う幼児期からの療育的な介入が主となっている。[18]
　この「自閉症」という語の初出は1943年にアメリカの児童精神科医

レオ・カナー（Leo Kanner）が、「早期幼児自閉症」と名づけた11の症例を報告した論文においてである。しかし、彼が自閉症の原因として、親の養育態度やパーソナリティといった心因論を唱えた点については、その後、カナー自身により訂正された[19]。今日でも自閉症発症のメカニズムは解明されていないが、先天性の脳機能障害に基づくものであることは、定説となっている[20]。

では、何をもって自閉症というのか。その指標を明確に示したのは、イギリスの小児精神科医ローナ・ウィング（Lorna Wing）の研究である。そこでは、自閉症児の知能指数が測定不能な重度発達遅滞のレベルから平均以上の120までばらつきがあり、中枢神経系に何らかの障害があることを明らかにしたうえで、自閉症児がもつ特徴として、次のものを挙げている。すなわち、①対人的相互反応障害 ②言語的・非言語的コミュニケーションの障害 ③限局した行動と興味——この3つである。そして、これらの特徴が、現在の自閉症の定義の原型となっている[21]。

ところで、ウィングは、自閉症が極めて幅広い特徴を示す多様な症候群であるとして、「自閉症スペクトラム（連続体）」という概念を提唱している[22]。この自閉症スペクトラムとは、知的障害を伴わない高機能自閉症や、言語の障害がないとされるアスペルガー障害までを含んだ包括的概念である。なぜ、このような概念が必要とされるのかといえば、自閉症の診断基準をすべて満たさないまでも、その行動の特徴を備えた子どもが少なからずいる、という現実があるからだ（例えば、ウィングは、1991年にスウェーデンの研究グループが行った研究結果から、自閉スペクトラムの割合は、少なくとも1万人につき58人の発症率であることを示している[23]）。保育の場で適切な対応が求められる所以である。

(2) 自閉症児が抱える問題

では、自閉症児は、実際には具体的にどのような問題を抱えているのだろうか。次に、その点を見ていきたい。

対人関係

まず、第一に挙げられるのは、対人関係である。自閉症については、「相手を無視している」とか、「心が通じ合わない」といった印象を相手に与える、といわれる。とはいえ、彼らにとって、他者の存在が全く眼中にないわけではない。そのことを示しているのが、例えば、サイモン・バロン＝コーエン（Simon Baron-Cohen）が行った有名な「アンとサリーの誤信念テスト」である[24]。このテストでは、自閉症児は特異な反応を示す。まず、そのテストの中の物語で起きている出来事は、彼らには理解できている場合もあるようだ（ということは、つまり、他者の存在を意識し、対応する潜在能力は備えている、ということになる）。だが、その一方で、物語の登場人物（人形）の立場になって考えること（つまりは、他者理解）ができないのである[25]。そして、このことは当然、他者とのコミュニケーションにおいて問題となる。

コミュニケーション

コミュニケーションについて興味深い指摘を行っている、カリフォルニア大学サンディエゴ校のエリザベス・ベイツ（Elizabeth Bates）たちの研究を、伊藤英夫が紹介している[26]。子どもの言語獲得の研究を専門の一つとするベイツだが、乳幼児研究の成果を取り入れた研究領域では、乳幼児が言葉を発する前の前言語期に、指さしや視線、発声、身体運動などでコミュニケーションを行っている点に注目し、そのプロセスを探っている。その中から、コミュニケーションに不可欠である働きが、自閉症には欠けていることがわかってきたのである。

その働きとは、「共同注意（joint attention）」である。それは、「乳児が自己－対象－他者という三項関係の中で、他者が見ているところを見る。または、自分が今注意を向けている事柄や物に対して、相手の注意を向けさせようと促すこと」である[27]。なぜ、この働きが大切かといえば、それが「他者への共感」につながるものだからである。

「他者への共感」は、健全なコミュニケーションの基盤となるもので

ある。それを欠く自閉症のコミュニケーションの特徴と課題を伊藤英夫は、次のように説明する。

　自閉症児も成長とともに自分から意思を伝えるようになり、自分から視線を合わせてくるようになるが、多くは自分の要求を満たしたい時であり、他者に何かを伝えて「共感したい」という感覚は身につきにくい。この傾向は自閉症児が大人になっても同様であるといわれているものの、体験の積み重ねが大切である[28]。

　とはいえ、やみくもに体験を積み重ねればよいというものではない。あくまでもそれは、自閉症ならではの現実を踏まえたうえでなされるべきものである。そして、その際に見落とせないのが、「認知」という局面である。

認知
　自閉症の「情緒の安定や対人関係の広がりの背景に、認知の育ちがある」ことを宇佐川浩は多くの事例から確認している[29]。と同時に彼が指摘するのは、認知発達プロセスのいたるところで細かなつまずきを示す発達障害に対して、その中核をなす「認知そのものを育てる」という視点が従来の治療では希薄だった、ということである。
　では、その認知を育てるためには、どうすればよいのか。その点についても、宇佐川は次のように言う。「人との関係性や情緒の育ちを支える発達、対物・対人に対する発達、視覚・聴覚の発達、入力系と表出系の発達の個人内差を捉える視点が大切である[30]」と。また、認知発達臨床の視点から宇佐川が指摘するのは、手を積極的に使うための配慮を行い、触運動的探索による学習から視覚系運動処理と聴覚系運動処理のバランスを総合的に育てることの重要性である[31]。これらの見分ける力、聴きとる力が発達し統合することで、空間や順序の知覚レベルが向上し、さらに、認知の高次化につながるとしている。

そして、そうした場の一つとして大いに可能性をもつのが、音楽療法である。先に「手を積極的に使い」云々ということの重要性を述べたが、音楽は、まさにその活動の中で触覚、視覚、聴覚を刺激しながら認知を発達させ、また同時に、自己像と情緒の育ちを促すのに都合のよい場といえるだろう。もちろん、自閉症児の中には音に敏感な子どもも多数いるため、音環境に配慮する必要はある。だが、そうした配慮さえ怠らなければ、音楽は触覚、視覚に訴える楽器を媒介に、徐々に自閉症児と保育者との対人相互的な関係を築く場となりうる。そして、ここに、音楽療法の可能性を見出すことができる。

　とはいえ、その可能性を見据えるために、「そもそも音楽療法とはどのようなものなのか」ということを今一度詳しくみておく必要があろう。

(3) 音楽療法とは――そして、その保育の場への応用

　音楽療法の自閉症児の保育における可能性については、すでにごく簡単に触れた。が、ここでは「音楽療法」というものの成り立ちとあり方を振り返りつつ、それを保育の場で活かす方途を探ることにしよう。

音楽療法の起源

　「音楽で人の心が癒される」とは古くからいわれてきたことだが、音楽を実際の治療の場で用いる「音楽療法（music therapy）」が確立したのは、第二次世界大戦中のアメリカにおいてである。その端緒について、エディス・ヒルマン・ボクシル（Edith Hillman Boxhill）は次のように述べている。

　音楽家たちは戦争の犠牲者たちを傷つけた身体的状態だけではなく、精神病理学的な状態についての知識と理解の必要性に気づいた。そこで、戦争の復員兵に対して単に楽しませたり音楽活動をさせたりするだけでは不十分で、音楽によって治療的な性質のサービスを行うことが有効であることが明らかになった。[32]

実際にこの療法を行う「音楽療法士」を養成するプログラムが初めて開発・設置されたのは 1944 年頃で、ミシガン州立大学でのことだった。[33] そうした養成プログラムで学生に課されたのは、音楽実技、行動科学、精神医学と心理学など専門領域の知識・技能の習得と音楽療法インターンとしての臨床経験である。そして、この大枠は現在でも変わらない。

　日本では 1960 年代から音楽療法が注目され始め、1986 年に日本ミュージック協会、1994 年に臨床音楽療法協会が設立されるに至った。2001 年には 2 つの学会が統合し日本音楽療法学会が誕生する。そして、一定の研修を受け、技能と知識が認められた者は、学会認定音楽療法士の資格が与えられるようになった。そうして生まれた音楽療法士が今や、障害者、精神障害者、高齢者、緩和ケア病棟患者など、多岐にわたる受療者に対応している。

音楽療法の定義

　さて、そのように着実に広がりを見せる音楽療法だが、実はそのあり方についての一義的な定義はない。例えば、音楽療法の本家アメリカの研究者ボクシルの定義はこうである。「心理的・精神的・生理的健康の回復・維持・増進と行動的・発達的・身体的・社会的スキルの促進・回復・維持のために、すべてのクライアントとセラピストの関係内で音楽を治療的手段として使うことである」[34]。また、日本音楽療法学会による定義では、音楽療法とは「音楽のもつ生理的、心理的、社会的機能を用いて心身の障害の回復、機能の維持改善、生活の質の向上、行動の変容に向けて、音楽を意図的、計画的に活用して行われる治療技法」[35] とされている。

　他方で、山松質史が言うような、「音楽療法は心理療法の一つであり、音楽技術が治すのではなく、あくまで人が治すのであるという観点が基本にある」[36] とする、心理療法の観点からの定義もある。

　これらの定義はいずれも、音楽療法を「音楽のもっている種々の作用・

機能を用いて、療法を受ける者の行動、あるいは態度や構えの変化を目的として行う治療的、教育的活動」であるとする点では一致している。しかし、日本のみならず、世界を見渡しても、「音楽療法の定義は音楽療法士の数ほどたくさんあるといっても過言ではない」というのが実状である。

とはいえ、それは何も、音楽療法に関わる者たちが好き勝手をやっているということを意味するのではない。音楽療法が多様に定義される理由の一つに、まだ音楽療法の歴史が浅いということもあるのだろうが、もう一つには、対応すべき現実の多様な問題や課題が、音楽療法の一義的な定義を許さない、という面もあるだろう。そして、その多様な定義には、逆に音楽療法のもつ極めて豊かな可能性が示されているのだともいえよう。そして、さらにいえば、肝心なのは、定義の字面ではなく、あくまでも実際に行われている活動であり、その成果である。

これから論述を進めるにあたっては、一応の定義は必要なので、本研究は、先に挙げた日本音楽療法学会による定義に依拠することにしたい。

音楽療法の目標

すでに上述の定義の中で、音楽療法の目的に触れられているが、ここではさらに、その具体的な目標も確認してみる。

この点を簡潔にまとめたものとして大いに参考になるのが、谷口高士の論述である。その具体的な目標として谷口が挙げるのは、以下の項目だ。すなわち、①身体的機能の向上（粗大運動能力、指先の微細運動能力の向上）②感覚・知覚的機能の向上（聴覚・視覚・触覚の連合に関わる機能の向上、空間認知）③情緒的機能の発達（怒りや欲求不満を楽器を通して発散する）④認知的機能の発達（注意力・集中力・記憶力・判断力など学習の前提となる諸能力）⑤コミュニケーション能力の発達（歌うことを中心に発声・抑揚調整の前言語能力）⑥社会的機能の発達（歌う・演奏で他者と共有することや自己意識・他者意識が芽生え、共感・寛容の姿勢を向上させる。自己の役割を担う）⑦精神的安定・心理的充

足感の獲得（グループ活動を通して帰属感、自尊感情の獲得）——この7つである。

ただし、ここで再度確認しておきたいのは、こうした目標の中で、音楽は療法のたんなる一手段ではなく、療法の根幹をなすものである、ということである。谷口は音楽療法を「自己成長を導くための一つの手段」であると言う。その場合の「手段」は、他のものでは代替できないものであって、まさに「音楽」であることに意味がある。

音楽療法の諸形態

さて、こうした目標の達成には、適切な療法の形態を選択することが肝心である。

まず、その形態は、①セラピストとクライエントが1対1関係で実施する「個別音楽療法」 ②同時に複数のクライエントに実施する「集団音楽療法」、の2つに大別できる。そして、そのいずれを選択するかは、あくまでもクライエントの特性や療法の特性を踏まえて決められる。

2つの形態の使い分けについて、例えば、村井靖児は次のように言う。つまり、「人間の発達が生後、母親との1対1の関係から漸次仲間世界に入っていくように、人生の最初期、発達の著しい遅れの者に対しては、個人療法を行う」とし、「個人療法の中で発達課題としての集団の行動が必要になった段階で、個人から集団に切り替えられる」とする。

さらに、集団療法の利点として、村井は次の6項目を挙げる。すなわち、①社会意識を刺激すること ②ありのままの自分が他のメンバーに受け入れられる経験をすること ③自分や他人を尊重することの意味がわかること ④グループの他のメンバーと活動に参加することによる努力、達成、成功感、満足感、共同体帰属意識などの獲得 ⑤社会化－待つこと、順番を守ることの学習 ⑥感情的豊かさが養われること——以上の6つである。こうした集団生活に必要な能力は、個人療法では育てられないものであって、まさに集団療法ならではの利点である。

また、形態のもう一つの分類としては、①能動的音楽療法 ②受動的

音楽療法の2つがある。能動的音楽療法は、セラピストと一緒に歌ったり、楽器を奏でたりするなど、何らかのかたちでクライエントを音楽に参加させるやり方である（ノードフ＝ロビンズ〈Paul Nordoff & Clive Robbins〉の「即興的音楽療法」なども、ここに分類できよう。なお、このロビンズのやり方は、「創造的音楽療法〈creative music therapy〉」などとも呼ばれている）。一方、鑑賞を主とした方法は「受動的音楽療法」と呼ばれるが、治療を目的とした音楽療法では、演奏を主体として直接、自己表現とつながる「能動的音楽療法」の方が重視されている[40]。

教育現場における音楽療法の実践

以上、音楽療法というものについて、基本的なあり方や考え方をみてきた。そこで次に、その応用が行われる教育・保育の場に目を転じることにしよう。本研究にとって、実際にそうした応用に携わる者たちの報告には耳を傾けるべき点が多くある。

例えば、養護学校で長く音楽療法の実践に携わってきたのみならず、幼児から高校生まで幅広い年齢層の教育に音楽療法を活用した実績をもつ遠山文吉は、それらの経験で確かめた音楽の働きとして、次の項目を挙げている。すなわち、①音楽は生理的な影響をもたらす　②音・音楽は様々な感覚への刺激となる　③音楽の各活動は常に運動を伴う　④音楽の活動には認知に関するものが多い　⑤音楽はコミュニケーションの手段である　⑥音楽の活動には社会的な要素が多く含まれる　⑦音・音楽は、心理的抑圧（ストレス）からの解放によい効果をもたらす——この7点である[41]。そして、こうした音楽の力を借りて、子どもたちの抱えている問題を軽減・改善し、副次的に生じる障害を予防する効果が音楽療法にはあることをも、遠山は示している[42]。

また、工藤傑史が養護学校幼稚部——そこには発達年齢がほぼ1歳くらいである4歳から5歳までの自閉症および広汎性発達障害、ダウン症の幼児が通園している——で行っている実践例も興味深い。工藤はコミュニケーションの改善を目的として、毎朝行われる「朝の集まり」で

は、音楽活動を中心に据えている⁽⁴³⁾。その際、一人ひとりの教育的目標として、また支援の手立てを設定した個別の指導計画の課題として挙げられているのは、次の点である。すなわち、①集団生活に参加し、楽しむ　②手遊びで教員の動きを模倣する　③返事や挨拶をする　④指さしで選択する　⑤簡単な動作や言葉で要求を伝える——この５点である。

そこで具体的に行われているのは、次のようなことである——まず、歌「バスごっこ」を開始の合図とする。そして、次のウォーミング・アップでは、教員が子どもの動きのテンポに寄り添うようにやり取りをしながら、ハンドルを操作する。また、歌をリクエストする場面では、歌の内容が描かれた絵カードから子どもが自分の好きな歌を選べるように教材を用意しておく。とくに手遊び歌は、身体動作の模倣や発声を引き出すことができるため、多く用いられている。さらに、呼名に対する返事ができた子どもには、その褒美として、「おうま」の曲を聞きながら教員におんぶをしてもらったり、「ぶらんこ」の曲でシーツブランコを楽しめたりするなどの特典が与えられる——といった具合である⁽⁴⁴⁾。こうした実践例からうかがえるのは、①これらの内容が基本的には、子どもと教員である他者という２者間の信頼関係を土台にし、コミュニケーション力を育てることを目標としている。②この場では、幼児同士がお互いに観察し合うとともに、楽しい雰囲気や力動感のある集団生活の中で表現し、それが認められる場が設定されている、ということである。

保育現場における音楽療法の視点

ところで、保育現場では多くの音楽活動が行われているが、そのねらいは『幼稚園教育要領』および『保育所保育指針』の領域「表現」の中に示されている。そこには、次のように明記されている——「生活の中で様々な音、動きなどに気付き感じたりなどして楽しむことや、感じたことや考えたことを音や動きで自分なりに表現することを通して、豊かな感性や表現する力を養い、創造性を豊かにすること」⁽⁴⁵⁾。つまり、生活の中で表現する意欲を子どもから引き出すことが求められている、とい

うことである。そして、その際には、表現したいという子どもの気持ちを保育者が支持し共感することが欠かせない。こうした「ねらい」の根底にあるのは、音楽活動を「表現のプロセス」としてとらえることであって、一部の実践にみられるような技術偏重を許すものではない。すなわち、これはまさに、音楽療法の視点とも共通する。

　ちなみに、筆者が2009年に全国11都道府県の公立・私立の幼稚園に勤務する幼稚園教諭83名を対象に行った「気になる子の支援、および音楽療法に対する関心について」のアンケート結果からは、90％以上の保育者が「音楽療法に関心がある」と答えている。すなわち、それを保育の音楽活動に取り入れたいと考えているのだろう。

　もっとも、保育者たちにそうした意欲があっても、それがなかなか実現には至らないという現実もある。すなわち、①保育の場では子どもに自由に楽器を使わせることが少ない　②保育者自身、必ずしも音楽のもつ機能を意識したうえで、子どもとかかわっているわけではない　③「音楽の指導を行うのは設定保育の場に限られる」という観念が保育者自身にあり、そうした場を離れて、個別に音楽で子どもにかかわることが少ない――等々、いろいろな問題があると考えられる。

　だが、今や保育の場でも音楽療法の視点が必要とされているのは、間違いなかろう。ともあれ、たとえ少しずつではあっても、着実に歩んでいくことが大切である。そして、本研究もまた、そのような道を共に歩もうとするものである。

4　障害児への支援と音楽療法に関連する先行研究の概観

　さて、そのように「歩む」とはいっても、やみくもに進めばよいというものではない。ここはやはり、同じ道を行った先人たちの足跡を辿りつつ、そこから学ぶ必要があろう。そこで本節では、保育の場における障害児への支援、および音楽療法に関連する主な先行研究について整理

する。

(1) 保育の場における支援

　まず、幼稚園や保育所で障害児に対してなされた音楽による支援の実践例だが、これは極めて少ない。そうした場ではスタッフに音楽療法の専門家を擁することが稀である以上、当然のことだとはいえる。だが、それでも、音楽療法にヒントを得て行っている独自の実践は、極めて貴重だ。

　例えば、荻原はるみが紹介する事例(46)は、高機能自閉症児に対する個別指導プログラムの一つとして幼稚園で実践されたものである。そこで注目すべき点は、音楽という元々は目に見えないものを、何らかのかたちで視覚化して、子どもの参加を容易にする工夫がなされていることである。つまり、歌の練習に際して、歌詞を書いて貼り出したり、歌声の大きさを、たんに「大きく」や「小さく」などといった抽象的な表現ではなく、「レベル　1・2・3」と書かれたものを明示することで、子どもが自分で調節できるようにしている、といった具合である。

　他にもいくつかある実践例でも、この事例と同様、現場ならではの種々の工夫がなされている。そして、そこからうかがわれるのは、そうした試行錯誤の実践の中から、音楽療法を活かした保育法が着実に積み上げられつつある、ということである。

　こうした実践の試みの報告がある一方で、理論的な観点からの研究もあり、貴重な示唆を与えてくれる(47)。

　別府哲の挙げる事例は、まさにそのことを裏書きしている(48)。つまり、ある自閉症児に対して、その療育者は身体を揺さぶる遊びを行った。子どもはそれを楽しむ。すると、その楽しみをもたらしてくれた療育者に愛着を抱き始めた。さらに、その後、その子どもは外界に対して以前よりも積極的な反応を示すようになった――こうした事例を踏まえて、別府は言う。「自閉症児をはじめ幼児期に対人関係の弱さをもつ子どもには、まず特定の他者との間に愛着関係が形成されることが必要である」

と。

　とはいえ、両者の関係は微妙である。それだけに鯨岡は、保育のあり方が自閉症児に二次的障害をもたらす危険についても、次のように指摘するのを忘れない。

　自閉症児にみられるコミュニケーションの取り難さや理由不明に見えるパニックは、自閉症の本能なのか、かかわり手との関係において二次的、派生的に生み出されてきたのか、教え込まれることによって傷つきやすい自閉症の特性なのかは不明であるものの、何らかの関係がある[49]。

　そして、こうした二次的障害を生まないようにする配慮を現場に求めている。

(2) 障害児（自閉症児を含む）に対する音楽療法の視点からの働きかけ

　次に、障害児が通う通園施設、療育専門機関、特別支援学校に目を転じよう。こうした場での障害児に対する音楽療法的な取り組み、または音楽による働きかけについての報告は、多数みられる。対象としては、個人あり、集団ありで、中には親子を対象とした事例もいくつかある。しかし、ここでは本研究の主題上、自閉症児を含む障害児を対象とした音楽療法の先行研究について、①集団を対象としたもの　②個人を対象にしたもの、の２つに事例を場合分けして、その主なものを以下に整理しておこう。

集団を対象とした事例

　まず、集団を対象とした事例についてである。
　保育士であり、音楽療法士でもある和田幸子は、通園施設で「わらべうた」を用いた保育実践を行い、その遊びの構造分析を行っている[50]。そ

こで和田が示したのは、①わらべうたは、旋律にまで発展せずに言葉にリズムとアクセントがつき、抑揚を誇張するという枠組みの中で表現される音楽であるため、障害のある子どももその空間を受け止めやすい。②とくに親子で行う応答的なリズム活動は、母親が子育てに前向きの姿勢になることを促すうえでも有効である——といった点である。

古川美枝子が報告する事例も興味深い。[51] 古川は障害児たちに、音楽に合わせて保育士や母親と手をつないで歩いたり、一人で歩いたりすることを繰り返しさせた。すると、その子どもたちが次第に音楽に合わせて止まることやテンポに合わせて動きを調節することができるようになった、というものである。つまり、音楽を聴き、そのかたちを判断し、それに合わせて動く、というふうに、音楽と行為の結びつきが障害児の中で形成されたというわけである。

以上の研究では、障害児の発達年齢や特性、支援の目標こそ異なるものの、「音楽によって子どもが他者との関係づくりを目指す」という方針が共通している。そして実際に、音楽療法的支援や音楽による支援が、他者との関係をつくり出すうえで有効であることを示唆している。

緒方千加子は、心理神経学的学習理論にもとづき、自閉症スペクトラムをはじめ、AD/HD（Attention Deficit Hyperactive Disorder〈注意欠陥・多動性障害〉の略）や、LD（Learning Disabilities〈学習障害〉の略）の症状をもつ幼児の認知・行動の特性に応じたプログラムを開発している。[52] そこでは例えば、粗大運動によるリズム運動やボールを使った音楽ムーブメント、またヴァイオリンの生演奏の聴取、楽器による表現などを自閉症児が体験する。そして、その中で、彼らは次第に周囲と協調できるようになり、合奏の指示を理解し楽しく表現できるように変化していった——と緒方は報告している。

個人を対象とした事例

次に、個人を対象とした事例についてである。

樋口玲子と吉岡恒生は、2歳3カ月の自閉症男児に音楽療法を行い、

その結果として対象児に生じた変化——発語数が急激に増え、他者への意思伝達の仕方が明らかに変わったこと——を報告している[53]。そして、これを、音楽療法の過程で母親との愛着関係を深めたことによるものと考察している。

また、樋口らは、次のように指摘する。つまり、「音楽活動において、聴覚刺激だけに頼るのではなく視覚刺激にも訴えることで、自閉症児が興味をもちやすくなる。誤りという評価が明確には無い音楽活動では、参加して何かの表現をすることで自分に自信をもつことが容易にできる[54]」と。ちなみに、保育における歌唱指導では、保育者の声を子どもが聴いて覚えるという聴覚優位の聴唱法という指導が、一般的に行われていることが多い。それだけに、視覚刺激に訴える教材を用いるという樋口らの指摘は重要といえるだろう。

土野研治は、自己像の乏しい自閉症児への音楽療法として、対象児の内的欲求を声で表出させた。そして、そのことで情動の調整が行われ、自閉症特有の常同行動を減少させることができることを明らかにしている[55]。

このように、通園施設や療育専門機関での実践においては、音楽療法の有効性が明らかになってきているが、一方、問題点も指摘されている。

例えば、古川美恵子と都築祐次は、「心身障害児総合通園センターの保育士は、音楽を用いた活動における障害児たちの活発な反応からその有効性を感じているものの、日々の療育の中に音楽療育プログラムをどのように取り入れていけばよいのかに悩んでいる」と述べている[56]。しかも、そうした保育士たちが音楽療法の視点および手法を学ぶ機会もほとんどないという現状もある。

養護学校および特別支援学校の音楽科教育での試み

ところで、養護学校および特別支援学校では、音楽科の内容として様々な音楽活動が行われているが、内容は個々の学校または教員に任されているというのが現状である。歌唱教育をはじめとして、身体の動きと音

による表現、音楽づくり、楽器づくりなど様々なことが行われており[57]、中には音楽療法の観点を取り入れた学校もある。そこで次に、その点に関する先行研究を紹介する。

近藤友美は、「障害児教育において一斉授業の中で個に応じた学習を進めることは現実問題として限界がある」としたうえで、養護学校中学部において休み時間や昼休みを利用し、次のようなアプローチを行っている。週２回、歌う活動を音楽療法的アプローチから行った結果、教師が生徒の発達に即した目標、観点、指導内容を明確にしたプログラムを導き出すことにより、自閉症児への効果的な授業が音楽科の中で展開できることを示している[58]。つまり、これは、音楽療法の視点を音楽教育に導入する意義があることを示しているのである。

ところで、障害児の音楽教育の研究では、リズム運動とリズム同期の観点からの研究が多々見られる。音楽を知覚し、運動調整をして音楽に合わせることを同期というが、齋藤一雄は、「この同期が最初はうまくできない状況がみられる障害児に対して、『音楽』の授業の中で自由なリズム活動を行うことで、情動的解放と均衡、およびテンポを調整する活動に改善がみられた」ことを報告している[59]。

以上、療育を目的とした音楽活動が通園施設、専門機関、特別支援学校で障害児に対して行われている、音楽療法の視点からの種々の実践を簡単にみてきた。もちろん、これらにはいろいろ問題点も指摘されてはいるが、いくつかの利点があることも、以上の検討から明らかである。となると、それが幼稚園や保育園でも取り入れることは有意義であると考えられるが、筆者の知る限り、今のところ、音楽療法の視点に立った実践を本格的に行っている所は、ほとんどない。それは、今後の課題であろう。

以上、この序論では、本研究の問題設定を行い、それに関わる種々の事柄を確認してきた。そこで、最後に本論の構成を以下に示すことにしたい。なお、本研究の主題を再度確認しておくならば、それは、「日頃の保育の場で『音楽療法の考え方と方法を活かしつつ自閉症児に対応す

る』保育の可能性とその具体的なあり方を、筆者自身の実践例の報告、考察、反省を通して提示すること」であった。そして、この主題を展開する本論は、以下の4章からなる。

　第1章「個別支援の実践による自閉症児の音楽行動の変容」では、筆者が個別支援を行った一人の自閉症児「A児」についての実践記録を報告し、考察を加えていく。このA児を人と物の両面で配慮された環境の中で、その音楽行動がどのような順序で出現しているかに着目した。そして、この点でのA児の音楽行動の変容をステージ別に分類し、①楽器を介した、人との信頼関係の構築　②音楽活動の中でのA児の心理的変化とコミュニケーションの発達、の2点について、音楽療法の視点から検討する。

　第2章「自閉症児を対象とした音楽活動における音・音楽の機能」では、第1章の事例と同じA児の音楽行動を、音楽療法の発達臨床の見解における音楽の3つの機能である①臨床的機能　②対人関係的機能　③能力支援的機能、の視点から13のカテゴリーに分類し、その推移について考察する。また、A児への介入保育による音楽行動のエピソードから、行動の変容を音楽のもつ機能に分類することで、音楽活動の有効性を検証する。

　第3章「乳幼児音楽行動の発達プロセススケールの作成と音楽行動の分析」では、まず、音楽による自閉症A児への発達支援を目指し、音楽的発達を把握する指標として音楽行動の発達プロセススケール試行版を作成する。そして、これをA児の行動と照合し、ステージごとの音楽行動の評価をレーダー・チャートにあらわすことで、発達の状態をより把握しやすくする。音楽行動の発達プロセススケール作成については、ピアジェの乳幼児の発達段階に従って10段階に区分し、「聴く・動き・操作・歌う」の音楽行動に、自閉症児の課題である「人との共同性」を加えた5項目について、発達段階を示す。さらに、別の2児の事例とも照合し、この発達プロセススケールの妥当性について検証する。

　第4章「保育における音楽療法の視点による音楽行動の可能性」では、

以上の結果を踏まえ、保育の中で保育者が支援を目標とした活動における配慮事項を、環境設定、楽器や歌唱曲の選択、保育者のかかわり方などの観点から提案する。そして、最後に、本研究で得られた知見から今後の課題を提示する。

[註]

(1) 「保育者が気になる子と感じた子どもに対しても、できるだけ早くからいくつかの可能性を念頭におき対応することが求められる（Ⅰ章2　クラスでみられる気になる子」無藤隆『幼児期におけるLD・ADHD・高機能自閉症の指導「気になる子」の保育と就学支援』東洋館出版社、2005年、6-9頁。

(2) 「広汎性発達障害（Pervasive Developmental Disorders. 略称、PDD）は、広義の自閉症概念として使われることが多い。このPDDでは、広汎性発達障害の中に下位分類として、自閉性障害、レット障害、小児期崩壊性障害、アスペルガー障害、特定不能の広汎性発達障害などが含まれている。また、発症は3歳以前と規定している」（市川宏伸「広汎性発達障害概念」市川宏伸（編）『広汎性発達障害――自閉症へのアプローチ』中山書店、2010年、3頁）

(3) 伊藤英夫「発達障害への支援における発達的観点」『1 広汎性発達障害」』本郷一夫・長崎勤（編）『特別支援教育における臨床発達心理学的アプローチ――生涯発達的視点に基づくアセスメントと支援』ミネルヴァ書房、2006年、98-106頁。

(4) 遠山文吉「1.障害をもつ子どもの音楽教育」大畑祥子・他（編）『子どもの発達と音楽』同朋舎出版、1987年、164頁。

(5) ケネス・E・ブルーシア（林庸二・監訳）『即興音楽療法の諸理論（上）』人間と歴史社、31-32頁。

(6) 加藤博之『音楽療法――特別支援教育の発達的視点を踏まえて』明治図書、2007年、5頁。

(7) 渡邊千歳「発達障害児の保育――集団生活経験の意義」会津力（編）『発達障害児の心理学と育児・保育――就学前の発達が気になる子どもとその親へのサポート』プレーン出版、2004年、59-66頁。

(8) 宇田川久美子「自閉症児への心の世界への参入と統合保育における共生の可能性――モノ的世界とヒト的世界の橋渡しをてがかりとして」『保育学研究』（日本保育学会）第42巻 第1号（2004年）、59-63頁。

(9) 石井正子「幼稚園・保育所の園長等管理職の統合保育に関する認識――インクルーシブな保育にむけての現状と課題」『学苑・初等教育学科紀要』（昭和女子大学近代文化研究所）No.824（2009年）64頁。

(10) 同上、75頁。

(11) この点については、次のものを参照されたい。浜谷直人「統合保育における障害児の参加状況のアセスメント」『首都大学東京人文学報教育学』第40巻（2005年）、17-30頁。

(12) 河内しのぶ・福澤雪子・濱田裕子「統合保育が保育士に与える影響：K市で統合保育を経験した保育士へのアンケート調査より」『産業医科大学雑誌』第28巻第3号（2006年）、28頁。
(13) 神長美津子「支援のための取組」無藤隆・他（編）『「気になる子」の保育と就学支援──幼児期におけるLD・ADHD・高機能自閉症等の指導』東洋館出版社、2005年、16頁。
(14) 北野絵美「広汎性発達障害を早期に疑われる幼児への発達支援に関する一考察（第2報）──療育機関等から保育園・幼稚園への移行を通して見えてくる「意義」と「課題」について」『治療教育学研究』（愛知教育大学障害児治療センター）第30輯（2010年）、29-39頁。
(15) 内閣府編『障害者白書平成22年度版』日経印刷、2010年。
(16) 文部科学省　幼稚園教育要領　第3章「指導計画及び教育課程に係る教育時間の終了等に行う教育活動などの留意事項」2.「とくに留意する事項（2）」2008年。
(17) 厚生労働省　保育所保育指針　第4章「保育の計画及び評価　1保育の計画（3）指導計画の作成上、特に留意すべき事項　ウ障害のある子どもの保育」チャイルド本社、2008年。
(18) 本田秀雄「横浜市における先進的取り組み」市川、前掲書、133-139頁。
(19) 小笠原恵「自閉症スペクトラムと教育支援」渡邉健治・他（編）『子どもの発達と特別支援教育』ジアーズ教育新社、2008年、72頁。
(20) たとえば、小児神経専門医の平岩幹男は、その点を、こう説明する。「自閉症についても大脳辺縁系の扁桃体や帯状回、海馬などの問題が取り上げられています。画像医学の進歩に伴って、これらの異常を指摘している報告も増えてきましたが、まだ決め手はありません」（平岩幹男『発達障害──子どもを診る医師に知っておいてほしいこと』、金原出版株式会社、2009年、24頁）。また、精神神経科医師の森は、自閉症が「臨床遺伝学的には多因子の疾患であり、遺伝子の連鎖研究では、原因となる遺伝子部位の候補が挙げられている。神経病理学では、小脳において、プルキンエ細胞の消失がみられるなどの所見や、画像のMRIでは小脳の一部の層に委縮がみられる」と説く（中村和彦「子どもの精神科の疾患1　広汎性発達障害と注意欠陥／多動性障害」森則夫（監修）・中村和彦（編）『子どもの精神医学』金芳堂、2008年、74-75頁）。
(21) G・メジボフ＆M・ハウリー（佐々木正美・監訳）『自閉症児とインクルージョン教育の実践』岩崎学術出版社、2006年、1頁。ちなみに、現在、自閉症の診断基準として、「精神疾患の診断・統計マニュアル（Diagnostic and Statistical Manual of Mental Disorders Fourth Edition Text Revision：『DSM-Ⅳ-TR（2000）』）が、日本も含む世界中で広く用いられている（森則夫・八木敦子「子どもの精神障害の医学的診断に

ついて」森・中村、前掲書、4-5頁)。DSM-Ⅳ-TRの項目はA～Cに分かれている。まずAでは、3領域(対人関係の障害、コミュニケーションの障害、こだわり・常同行動)それぞれに、4つの症状が挙げられている。これら計12項目中、6項目以上該当する場合、自閉症の可能性があるとされる。さらに、次の段階としてB項目では、(1)対人的相互反応、(2)対人的意志伝達に使用する言語、(3)象徴的または想像的遊びの機能の3項目の中で、遅れが1つ以上あり、3歳以前に始まる場合に自閉症の可能性があるとしている。また、C項目では、他のさまざまな疾患ではないことを判別することにより、最終的に自閉症と診断する仕組みになっている。
(22) 市川宏伸「広汎性発達障害概念」市川、前掲書、4-5頁。
(23) ロルナ・ウィング(久保紘章・他訳)『自閉症スペクトル——親と専門家のためのガイドブック』、図書印刷株式会社、1998年、79-81頁。
(24) このテストは、サリーが自分のビー玉をカゴの中に入れて部屋から出た後に、他者によってビー玉が動かされる。その後、サリーは部屋に戻るが、ビー玉が動かされたことを知らない。そのため、ビー玉はもとの場所にあると信じているはずであるということを識別するテストである。健常児では27人中23人(85%)が通過するのに対して、自閉症児では20人中4人(20%)のみであったことが報告されている。(サイモン・バロン=コーエン・他(編)(田原俊司・監訳)『心の理論(上)』八千代出版、1997年、84-85頁。)
(25) 同上、84-87頁を参照のこと。この著作の下となった「心の理論」の概念は1985年に提唱されたもので、1980年代後半以降、自閉症研究の中心として注目を集めた(菊池哲平『自閉症児における自己と他者、そして情動——対人関係性の視点から探る』ナカニシヤ出版、2009年、14-20頁を参照のこと)。
(26) 伊藤英夫「発達障害への支援における発達的観点」『1 広汎性発達障害』」本郷一夫・長崎勤(編)前掲書、98-101頁。
(27) 大神英裕『発達障害の早期支援——研究と実践を紡ぐ新しい地域連携』ミネルヴァ社、2008年、17-18頁。
(28) 伊藤英夫 前掲論文、98-102頁。
(29) 宇佐川浩『障害児の発達臨床Ⅱ——感覚と運動の高次化による発達臨床の実際』学苑社、2007年、2頁。
(30) 同上、7頁。
(31) 同上、8頁。
(32) E・H・ボクシル(林庸二・稲田雅美・訳)『実践—発達障害児のための音楽療法』人間と歴史社、2003年、2頁。
(33) 同上、2頁。

(34) 同上、6頁。
(35) 村井靖児『音楽療法の基礎』音楽之友社、1995年、11頁。
(36) 山松質史著「自閉症児とのふれあい——山松方式によるミュージック・セラピィ」櫻林仁（監修）『音楽療法研究——第一線からの報告』音楽之友社、1996年、234頁。
(37) 谷口高士『音は心の中で音楽になる——音楽心理学への基礎』北大路書房、2000年、190-192頁。
(38) 同上
(39) 村井靖児、前掲書、85-94頁。
(40) 同上、61頁。
(41) 遠山文吉『知的障害のある子どもへの音楽療法——子どもを生き生きさせる音楽の力』明治図書、2005年、15-17頁。
(42) 同上、25頁。
(43) 工藤傑史「養護学校幼稚部におけるコミュニケーションを育てる集団音楽指導」遠山文吉編『知的障害のある子どもへの音楽療法——子どもを生き生きさせる音楽の力』明治図書、2005年、76-81頁。
(44) 同上、80頁。
(45) 文部科学省『幼稚園教育要領解説——平成20年10月』フレーベル館、2008年、11-12頁。
(46) 荻原はるみ「高機能自閉症児の幼稚園における援助と適応」『名古屋柳城短期大学紀要』第25号（2003年）、129-139頁。
(47) 例えば、鯨岡峻は、発達心理学の立場から対人関係が難しい自閉症児の療育のあり方として、従来のような個人の能力改善という観点からとらえるべきではない、と説く。それよりも大切なこととして鯨岡が述べるのは、養育者が子どもにかかわる際に、肯定的な情動共有（他者が見ているところを見る）を積み重ねること、である。これが子どもの人格の中核を形作ることにつながるがゆえである（鯨岡峻『自閉症の関係発達臨床』日本評論社、2005年、58-69頁）。
(48) 別府哲「自閉性障害児の発達と指導（Ⅰ）——愛着対象の形成、遊び、自我の発生との関連による事例検討」『岐阜大学教育学部研究報告人文科学』第39巻（1991年）、117-134頁。
(49) 鯨岡峻、前掲書、61頁。
(50) 和田幸子「わらべうたを用いた障害児保育実践——遊びの構造分析による事例」『保育学研究』（日本保育学会）第46巻第2号（2008年）、225-234頁。
(51) 古川美枝子「音楽療育の試み（2）——音楽に合わせた動きから」『日本保育学会　第67回大会　研究論文集』（日本保育学会）2004年、882-883頁。
(52) 緒方千加子「発達臨床における音楽治療教育の適用Ⅲ——自閉症スペク

トラム幼児の症例へのプログラム」『白百合女子大学発達臨床センター紀要』第 8 巻（2005 年）、47-56 頁。
(53) 樋口玲子・吉岡恒生「早期療育としての自閉症児への音楽療法——対人関係性の発達論的視点から」『治療教育学研究』（愛知教育大学研究紀要）第 26 巻（2006 年）、47-56 頁。
(54) 同上、55 頁。
(55) 土野 研治「自己像の乏しい自閉症児への音楽療法——声を用いた自己像・身体組織化への取組み」『発達臨床研究』（淑徳大学発達臨床研究センター）第 22 巻（2004 年）、47-56 頁。
(56) 古川美恵子・都築祐次「障碍児と音楽——早期からの自閉症児への音楽療法」『名古屋自由学院短期大学研究紀要』第 32 号（2000 年）81-91 頁。
(57) 小島律子・澤田篤子（編）『音楽による表現の教育——継承から創造へ』晃洋書房、1998 年、56-93 頁。
(58) 近藤友美「療法的方法を取り入れた音楽教育の構想——自閉症児を対象として」『学校音楽教育研究』（日本学校音楽教育研究会紀要）第 10 巻（2006 年）、118 頁。
(59) 齋藤一雄「障害のある児童生徒と芸術」『特別支援教育 No.32』東洋館出版社（2009 年）、4-7 頁。

第1章

第1章

個別支援の実践による
自閉症児の音楽行動の変容

　本章では、筆者がある自閉症児に行った個別支援の過程で、対象児が示した音楽行動の変容を記述し、それを心理の変化と対人関係の面から分析・考察する。

1　音楽療法の視点による個別支援

　まずはじめに、個別支援のさいに筆者がとった姿勢について示しておく。これはすでに「序章」でも触れたことだが、本章での実践報告とその考察を貫く重要な点なので、今一度ここで確認しておきたい。

(1) 保育での個別支援

　幼稚園・保育所では、ほぼ毎日何らかのかたちで集団での音楽活動が行われている。だが、自閉症児の多くは、うまく参加できていないようである。その要因と一つとして挙げられるのは、彼らが音に対して過敏であることである。また、音楽に対して独特の受け止め方をすることや、活動への参加のきっかけをつかみあぐねていることなどもある。

このような子どもには、集団的な音楽活動に参加するように促す前段階として、各々の特質に応じた個別支援が必要である。もちろん、クラス活動の中で一人の保育者が個々の子どもの発達を考慮した保育や援助を十分に行うのは難しい。しかし、そこに個別の支援者が加わることで、それも可能となる。

(2) 音楽療法の視点

　そうした個別支援では、保育者が音楽療法の視点をもつことに意味がある。言語コミュニケーションを不得手とする自閉症児には、音楽、とくに言語を伴わない楽器や身体表現を介して、心理的な変化をもたらし、コミュニケーション能力や認知の発達を促せる可能性がある。音楽は、対象児の感覚や感情に直接的に働きかける。音楽のこのような機能を治療や療育に意図的に利用する活動が音楽療法である。

　この音楽療法はあくまでも治療を目的とするものであり、その療法士には心理学、医学、障害などに関する知識と音や楽器を自由に操る技術が求められている。そして、こうした専門的な技能を普通の保育者に求めることはできない。しかし、音楽療法の、①受容的な態度　②同質の原理を用いた共感　③自己表現の機会の提供　④音楽を媒体とした他者とのコミュニケーション、などの基本的な視点は、保育における障害児支援に活かすことができる。

2　支援の概要と記述・分析の方法

　筆者もそうした音楽療法の視点から、約10カ月の間、知的障害のある一人の自閉症児に対して、音楽による個別支援を行った（この事例の報告と分析が、本研究の核心部分をなす）。その際、先に挙げた4つの視点のうち「受容的な態度」と「同質の原理を用いた共感」を重視し、対象児の行動に対して強制や規制はしないようにした。

次に、この事例における支援のあり方と、実践報告の記述と分析の方法について、簡単に説明しておこう。

(1) 対象児のプロフィール

まず、本事例の個別支援の対象となった幼児のプロフィールを紹介する。

対象児（支援開始時に4歳3カ月の男児。以下、「A児」と称する）は幼稚園の年中組に在園している。身体の発達は順調で、性格は穏やか。家族には両親と妹がおり、本人を含めて4人家族である。

保護者（母親）から聞いた話は、以下のようなものであった。

1歳頃よりA児は、名前を呼んでも反応がなく、視線も合わさなかった。また、言語の遅れも見られた（ので、両親は心配していたとのことだった）。そして、2歳のときに、A児は専門機関において軽度の知的障害を伴う「中機能自閉症」[1]と診断され、視線や言葉のやり取りなどのコミュニケーション面での問題が受診時に指摘された。受診後は、言語療法を2週間に1度、地域の保健センターで受けたが、その際、車のおもちゃには手を伸ばしたが、手遊び歌には興味を示さなかった。

家庭内でA児が発する言葉は、「お茶」「ガンダム」など、何かを要求するためのものか、自分に興味のある事物を示すものが多い。それ以外の自分の気持ちはうまく伝えられないようである。また、童謡のテレビ番組や母親の歌には興味を示さないが、唯一、NHK教育テレビの『クインテット』という子ども向け音楽番組は好んで見た（この番組では、人形が楽器を演奏する。A児は楽器には興味があるらしいことが、ここからわかる）。

また、A児が通う幼稚園でも話を聞いてみた。すると、以下のような様子がわかった。

独語はみられるものの、場に応じた問いかけや答え、すなわち通常の言語コミュニケーションがA児には難しい。そのため、他児と友だちの関係をうまく築けず、一人遊びが多い（ちなみに母親は、A児が集

団遊びの中に加われることを願っている)。困ったときは、信頼を寄せている担任保育者には近づいていく。自分に見通しがつかない事態が発生したり、クラス内が騒がしかったりなど、苦手な場面に出くわすと（前者による混乱を避けるために、担任保育者はA児には事前に次の予定を口頭で知らせているという）、室外に出て、水遊び、泥遊び、三輪車に乗るなど、一人で遊びだす。

筆者も事前にA児を何度か観察してみた。すると、その初回に、A児がなかなか他者と視線を合わせられないことや、共同注意の視点が定まらないことに気づく。A児が他者とうまく関係を築けず、何かを一緒にできないのも、一つにはこうしたことが原因と思われていた。

(2) 実践期間と目標・留意点

以上のようなA児に対して、筆者は2008年5月〜2009年2月の間に計17回、午前の保育中（主に自由遊びの時間帯）に、先の1節 (2) で述べたような方針で個別支援を試みた（最終の17回目には、筆者がクラスの音楽活動を担当した）。

この支援で目標としたのは、次の点である。すなわち、①対象児が音楽活動に参加すること ②音楽活動を通して自信や達成感や自己感をもつこと[(2)] ③他者・他児と交流しながらコミュニケーション能力を促進していくこと、である。

その中でとくに留意したのは、A児との信頼関係をうまく築き上げ、コミュニケーションを促進することである。そのために初期段階では、楽器を触るA児の音楽行動を模倣したり、楽器演奏に声や楽器で同期したりするなど、筆者が受容・共感しながら少しずつA児との距離を縮めていくことにした。

(3) 使用した楽器と楽曲

上記の目標にも関わることなので、個別支援で用いた楽器と楽曲についても説明しておきたい。

まず、楽器だが、ウッドブロック、トライアングル、音積み木などの簡易打楽器をはじめ、「カリンバ」という楽器を用いた。特筆すべきは、このカリンバである。これはアフリカの民族楽器で、箱や板の上に取り付けられた鉄の棒板を親指の爪ではじいて音を出すものだ（今回用いたのは、木製のもの）。「親指ピアノ」ともいわれ、ヴィブラートがかかったような不思議な音色をもつ。

カリンバを選んだのは、まず、刺激的な音を嫌がる自閉症児にとって、木から生まれるやさしい音が好ましい、と思ったからである。また、長く響く独特の音色には、そうした子どもも興味をもちやすいだろう、とも考えた。また、この楽器が、操作が容易な割には、指先のはじき方次第で音色がおもしろく変化する点も見逃せない。指ではじくこと自体も触覚刺激として感じられ、つまりは、子どもがあれこれ試したくなる楽器なのである（そもそも、カリンバに限らず、簡易楽器をこの支援で積極的に用いたのは、この点を見込んでのことである）。

次に、楽曲だが、〈やさいの音楽会〉〈こぶたぬきつねこ〉〈ひげじいさん〉〈バスバスはしる〉（譜例168-172頁）などの曲を選んだ。これらは曲の長さが短く、同じリズムが繰り返されるので、覚えやすい曲であるといえる。

(4) 記述と分析の方法

実践報告の記述とその分析については、以下のように行う。

まず、宇佐川浩が示す「感覚と運動の高次化からみた発達水準」[3]を参考に、A児の音楽行動の場面を8ステージに分類した。そして、顕著な変化があらわれた行動については、時系列で①〜⑧として記述した。それらを、幼児期の主な音楽活動である「聴く」「動く」「操作（楽器）」「歌う」の4種類のカテゴリーに分類し（表1-1、73頁）、どのような行動がどのような環境を背景としてあらわれたのかを、ステージごとに分析・考察した。

3 実践報告と考察

では、次に具体的な実践報告を行い、それに考察を加える。

(1) 実践によるステージ別音楽行動

まず、各ステージの報告を行う。はじめに、A児の音楽に関する行動を「エピソード」として実践記録を挙げ、次いでそれに註釈を加えていく（この説明中の丸付き数字は、エピソード内のものに対応している）。

◆ **第1ステージ：音楽的環境の受け入れ時のA児の状態**
　エピソード1　　（5月28日、6月3日）1・2回目

　教室の片隅の音楽コーナーで、4-5人の子どもたちが、様々な楽器を鳴らしたり、〈ひげじいさん〉（手遊び歌）を歌ったりして、遊んでいる。その横にA児はいるのだが、他児の様子に無関心であるかのようだ。下を向いて、持参したハサミで粘土を切り、いじっている。ウッドブロックが目の前に置かれても触れようとしない。しかし、音楽コーナーから離れる気配はない。
　女児2名が、ウッドブロックをゆっくり2回ずつ叩きながら、〈ずいずいずっころばし〉を歌うが、A児はそれに見向きもせず、下を向いて座っている。女児の一人がA児の前にウッドブロックを置いたので、「叩いてみる？」と筆者が声をかけバチを楽器の横に置くと、A児は粘土遊びを中断してバチを手に取り、3回だけ叩いてすぐにやめる。A児は再度ハサミで粘土を切って遊ぶ。
　その後、男児3-4名が加わり楽器を鳴らして遊んでいるが、A児は座ったまま彼らの方へ視線も投げかけず、粘土遊びを続ける。少しずつ楽器の音が大きくなるが、A児に立ち去る様子はなく、粘土を触る。

第1章　個別支援の実践による 自閉症児の音楽行動の変容

　女児がトライアングルを静かにトレモロ数回と 8 分音符で叩いた後に A 児に差し出すと、A 児は女児と同じようにトライアングルのトレモロをし、下の部分を 2 回叩いた後、楽器を机の上に置く。
　カスタネットやタンブリンには興味を示さない。

① 筆者がカリンバを鳴らした後に机の上に置くと、A 児はさっと手に取り、7 本のキーを次々にはじいて音を出し、しばらく楽しむ。次に、筆者の手をつかんで要求を伝えるというクレーン・ハンドにして「一緒に弾きたい」というような合図を出したので、手を合わせて一緒にしばらく音を出した。カリンバのリズムに合わせて、筆者が〈チューリップ〉を歌ってみるが、とくに反応は見られない。
② A 児は一人で 10 分近く集中してカリンバの音色を楽しむ。キーをはじくと指に振動が伝わるとともに、弾き方によって音の強弱や長短が調節できることに気づき、不思議な音がする楽器を好んでいるようであった。
　　A 児のカリンバの音に合わせて、女児がトライアングル、筆者が歌で即興的に合わせたところ、A 児はチラッと女児を一瞥した。しかし、ほとんど、うつむいたままカリンバを鳴らしていた。
　　他児がカリンバを貸して欲しいと近寄ったとたんに、A 児はカリンバを持ったままその場を離れて教室の中央に移動し、立ったまま楽器を鳴らしていた。

　第 1 ステージでの目標は、A 児が、個別の音楽コーナーが他者とともに楽器で遊ぶ場であることを認識し、落ち着ける場として受け入れるようになる、ということだった。
　A 児は最初、音楽コーナーの楽器には全く見向きもせず、持参した粘土で遊び続ける。だが、そこを立ち去ろうとはしないところをみると、この新規な空間を一応、受け入れたらしい。他児がウッドブロック、ト

ライアングル、タンブリン、カスタネットを操るさまや音にはいかにも無関心な様子。ところが、カリンバの音色と楽器の感触には興味を示した。そして、どうやらこれをきっかけに、音楽コーナーの場を受け入れたようだった。

多くの男児が近寄ってくると、Ａ児は緊張して楽器に手を出せない状態になる。大勢の子どもたちがいる場が苦手のようである。そもそも、自閉症児には日常生活のいろいろな場面の把握が難しく、自分の気持ちをうまく伝えられないまま意思にそぐわないことをやらされることで、葛藤が生じてパニックなどの症状を呈する場合がある。そこで、Ａ児に対しても楽器を手渡しで受け取らせる方法ではなく、一度机に置いておき、自分の欲求に従って選び取ることができるようにした。つまり、音楽コーナーを、Ａ児が自発的かつ自由な表現ができる場としたわけである。

筆者の基本的な姿勢としては、「待つ」ことに徹した。Ａ児自らが楽器を触ってみようという行動に出るまでは、筆者の方から働きかけはしなかった。また、Ａ児とは直接向き合うのではなく90度の角度になるように座り、視線を合わすことの苦手なＡ児に圧迫感を感じさせないように配慮した。

① Ａ児はカリンバの長く響く音色に耳を傾け、キーの振動を目と手で感じつつ、音を出すことに集中しているようだった。この楽器の存在が、音楽コーナーを楽器の音色を楽しめる場としてＡ児に認めさせたといえるだろう。
② Ａ児はカリンバの音色が操作の仕方により異なることに気づき、集中して楽器操作を楽しむ。そして、トライアングルを鳴らす女児には反応を見せたものの、周囲に関心を示す様子は見られなかった。
　一方、最初の観察時と同じように、Ａ児が他者の歌に注意を傾ける様子はほとんど見られず、自分が歌うこともなかった。

◆ 第2ステージ：音楽コーナーにおけるA児の楽器操作の変容
エピソード2　　（6月17日・23日）3・4回目

　A児は朝の用意が終わると、筆者の促しによって前回と同じように自分のハサミを道具箱から取り出し持参し、音楽コーナーに来る。そして、色画用紙を切り始める。

　女児3名と筆者による手遊び歌〈げんこつ山のたぬき〉やカスタネットなどの打楽器による遊びには、興味を示さない。

　次に、A児はバラバラに切られた色画用紙に鉛筆で数字の「1」を書く。そのうち、「うんうん」と筆者の手をつかみ、クレーン・ハンドにして自分の鉛筆のところに導いたので、数字の「2」を一緒に書いた。そのとき、A児は「2」と口で唱える。同様に「3」「4」と続けて行うが、「7」で止まった。

① 　次に、筆者が音積み木を演奏しながら〈数字の歌〉を歌うと、A児は聴いている様子が見られた。歌に合わせるかのように自分で書いた数字を順番に見つけて、指で示した。A児の指さしのテンポは徐々に速くなっていったが、歌のテンポを筆者が調整することで、A児の数字を指すテンポと歌が合ったこと（同期）を話して褒める。
② 　A児は、筆者が演奏していたバチで音積み木を叩き始め、しばらく続けるが、やがてバチを手から離してキョロキョロと周りを見回す。
③ 　筆者がA児の好きなカリンバを出すと、キーを強く、あるいは、速くトレモロのようにはじくなど、弾き方を変えて様々な音色が出ることを楽しみ、それに没頭する。他児がA児の持つカリンバを奪おうとすると逃げるが、すぐに取られてしばらく泣く。
④ 　A児の気持ちを変えるためにトライアングルやウッドブロックを出したところ、楽器に手を伸ばして、あれこれ試した。

A児は前回同様、音楽コーナーという場をスムーズに受け止めてはいないものの、拒否もしなかった。それは、前回の体験から、「カリンバで遊べる場所」として記憶していたためではないだろうか。それゆえ、筆者の誘いかけの言葉には積極的な反応を示している。とはいえ、慣れていない音楽コーナーへ入ることには抵抗感があるのか、自分が安心して遊べる道具を探し始めた。今回はハサミと色画用紙であったが、それらを持参しないと気持ちが落ち着かない様子であった。音楽コーナーで筆者が女児たちと手遊び歌で遊んでいる間、A児はハサミで色画用紙を切って遊び、歌遊びやジャンケンには目もくれようともしなかった。この音楽コーナーでも、A児は他児の遊びに参加することが難しいようであった。筆者はカスタネットやタンブリンを出してみたが、A児は手を出さず、これまでの遊びを続ける。

　A児の遊びに注目してみたところ、数字を書くことに気持ちが傾いていることがわかったので、しばらく、これに付き合う。A児は数字を書くことに興味があり、家庭でも同じ遊びを行っていたようである。今回A児は筆者の手を借りて書いたものの、視線を合わせることはなかった。「他者と一緒に書きたい」といった心の交流をA児が求めたというより、筆者の手を道具として使っているように感じられた。そこで、次に数字に関連した歌を歌いかけることを試みたのである。

① 〈数字の歌〉をこれまでA児は聴いたことがなかった。にもかかわらず、歌に合わせて数字を指でさしていたということは、A児が他者の歌を聴いているということである。この点を今回初めて確認することができた。しかも、ただ聴いているのではない。しかるべき反応を示しているのである。これはすなわち、筆者とA児の間に、音楽を通じての相互的なコミュニケーションの基盤ができたことをも意味している。

② 初回にはカリンバにしか興味を示さなかったA児だが、今回は筆者が演奏していた音積み木のメロディにも関心を示し、積極的に

かかわろうとする態度が見られた。この音積み木の音もＡ児には心地よい音として受け入れられたようである。前回のカリンバの音もそうだが、今回の件で、大きくて短い音よりも、柔らかくて長く響く音をＡ児が好むことがわかった。
③ 次に、前回に興味を示したカリンバを出したところ、Ａ児はほんの少し微笑みながら楽器を手に取った。Ａ児にとってカリンバが最も興味深い楽器であることがわかる。と同時に、それを操った体験がＡ児の心を動かし、今回のように、他の様々な楽器にも手を伸ばすことにつながったのではないだろうか。
④ これには、リラックスした雰囲気づくりを筆者が心がけたことも影響しているのかもしれない。Ａ児はとりわけ新鮮な楽器の音色に興味をもっているようだった。

このようにＡ児に変化が生じたきっかけとしては、次の２点を挙げることができる。
　第１点は、Ａ児が熱心に行っていた数字書きを筆者も共に行い、かつ、〈数字の音楽〉に合わせて数字を指さすＡ児を褒めたことである。このことで、Ａ児は自分の表現が認められたと感じ、さらなる表現意欲を抱いたのだろう。
　第２点は、楽器遊びに飽きる前に、前回Ａ児が興味を示していたカリンバを適切な時期に取り出して与えたことである。このことがＡ児を安心させ、ひいては他の楽器への興味をも生み出したのだろう。

◆ 第３ステージ：Ａ児の楽器演奏と筆者の歌との同期
エピソード３　（７月１・８・１５日）　　　５・６・７回目

① Ａ児は、音楽コーナーで筆者の歌う〈こぶたぬきつねこ〉に合わせて、音積み木で拍子を取っていた。

② 音楽コーナーで一人遊びをしていたＡ児であるが、クラスの子どもたちによる歌唱〈今日も雨降り〉の歌が聴こえてくると、音積み木を胸に抱えて皆のいる所に移動し、歌に合わせてそれまで使用していた3音（C、F、A）で静かにゆったりとした演奏を始める。

続けてクラスの子どもたちが〈たなばた〉の曲を歌うと、その歌のテンポに合わせて前の曲〈今日も雨降り〉より元気よく音積み木を演奏し、わずかに満足そうな表情をする。

Ａ児がクラス活動に参加したことを、担任保育者と筆者が褒める。

③ Ａ児が操作するカリンバの音に「ビョーーン」と即興的な歌をつけると、音と歌の同期に気づいたＡ児は、筆者と視線を合わせる回数が増える。

④ Ａ児が弾くピアノの単音に、オスティナートの伴奏を筆者がつけると、自分の足を筆者の足にからませて喜びをあらわした。終止に向かって徐々にゆっくりピアノを弾くと、Ａ児は音楽が終わることに気づき、弾くことを止める。

Ａ児は、再度、筆者の手をつかみピアノの上に置き、伴奏を続けて欲しいと催促する。終止が合わせられたことを伝えて終了としたが、何度もＡ児はピアノを弾き始める。

⑤ 筆者がＡ児の手を黒鍵に移動させて「弾いてごらん」と言うと、ゆっくり黒鍵を押さえて長い音の響きを楽しむ。筆者もＡ児と同じように黒鍵の音を重ねた。

第3ステージには、カリンバを媒介とした個別のかかわりの中で、Ａ児が筆者と視線を合わせることが多くなってきた。Ａ児に他者との意思の疎通を図ろうとする気持ちが芽生え始めてきたようである。

① この頃になると、Ａ児には歌を聴くことに対する抵抗感はほとんど見られず、むしろ歌に合わせて演奏することを楽しむようになっ

てきている。

② ここで初めて、Ａ児が自ら進んで他児と共に演奏した。つまり、他児の歌に合わせようとする気持ちが芽生えたということだろう。筆者との個別のかかわりを通してしかできなかった活動が、他の園児の集団の中でもできるようになったのである。この行動は担任にも認められ、Ａ児は充実感や満足感をもったことだろう。

　また、ここでのＡ児の演奏は、2曲とも曲想によく合ったものだった。このことから、Ａ児が過去にこれらの歌を聴いたことがあり、記憶していることは明らかだ。ということは、Ａ児が日頃、母親に告げていた「うた、いや」という言葉は、他者から歌うことを強要されることへの拒否を示すものであって、歌そのものを拒むものではなかったのだろう。

③ このとき、Ａ児は他者の存在を、いっそう強く実感できるようになったのではないだろうか。

④ ピアノを2人で弾く時間は5分近く続き、Ａ児はこの行為に集中していた。どうやら、伴奏つきで演奏することが気に入ったようである。

　Ａ児は曲が終止に向かうことを予測し、筆者に合わせて演奏を終了することができた。つまり、楽曲の構造をある程度は感覚的に把握できたのだろう。また、筆者に何度も「連弾」の繰り返しを求めてきたところをみると、他者とともに音楽活動を楽しめるようになってきたといえる。

⑤ これまでは白鍵のみを弾いていたＡ児であるが、ピアノの黒鍵によるペンタトニックにも興味を示すようになった。音や音楽への関心や意欲が広がっていることのあらわれである。

第2ステージまでは、Ａ児は筆者のかかわりの中だけで音楽行動を示していたが、第3ステージではクラスの音楽活動へも参加するようになった。Ａ児の中に音楽表現への自信と、社会性が芽生えてきたよう

である。楽器の演奏についても、楽曲の曲想に合わせて表現できるようになってきている。A児の支援に音楽活動が有効だとの実感を筆者がはっきり得たのが、この第3ステージだった。

◆ 第4ステージ：A児の歌唱の出現
エピソード4-1　（9月2日）8回目

① A児の登園時、園の正門から教室前の靴箱に来るまでに、いろいろな方向へ行き時間がかかるため、〈バスバスはしる〉を歩きながら歌うことにした。A児の足が止まると歌うことも中止し、歩き出すとまた歌の続きを歌うというように、A児の行動に歌を合わせた。すると、自分の行動と歌が同期していることに気づいた様子で、歌を聞きながらすぐに靴箱に到着することができた。

② A児は男児2名が、「いーあーうーあ」と手を口に当ててインディアンのように歩き回る様子を、ままごとコーナーから見ていた。そのうち、A児は一人遊びを止めて、自分も他児と同じように手を口に当てて声を発しながら彼らの後について部屋の中をグルグルと歩きはじめた。他児が椅子に座ると同じように座り、他児が歩き出すと自分も後からついて歩く。しかし、「まねされるからやめよう」という1人の男児の言葉で、この活動は終了してしまった。

　以前のようにカリンバを他児が触って音を出しても、泣かなくなった。カリンバの音のする方を一瞬は見るが、自分の遊びを続ける。

　ウッドブロックをA児の耳の側で小さく鳴らすと、顔を楽器に近づけて音を聴きながら人のような絵を描き続ける。首を楽器に密着させながら、音の響きと振動を味わっているようである。

　ウッドブロックの両側を叩きながら「どちらの音が好き？」と尋ねると、A児はしばらく考えてから、低い方を指さす。

第1章　個別支援の実践による自閉症児の音楽行動の変容　　57

③　昼食時に男児が即興歌〈○○すきなひと？〉（○以外はラソミミミを付点のリズム）を歌っているのをしばらく聴いていたA児は、同じメロディで○に別の食べ物の名前を入れて歌い始めた。即興歌をつくった男児の歌の問いかけには答えないが、替え歌にして大きな声で楽しそうに歌った。

　登園時のA児の行動は保育者にとって気になることであったが、対応策としてその行動に歌を合わせることで、一定の効果が得られた。のみならず、A児自らが、他児の歌や動作を模倣するようになってきたのである。これまでと異なり、クラスの子どもの行動に興味をもち、模倣から活動に参加する意欲を見せるなど、新しい段階にA児が進んだことがわかる。

①　ここで〈バスバスはしる〉を選んだのは、乗り物が好きなA児の嗜好に合わせてのことである。そして、歌が自分自身の動きと同期していることに気づいたA児は、歌を聴きたいがために、まっすぐ教室まで歩くようになった。このとき、自分の歩き方のテンポに合わせて筆者の歌のテンポが速くなっていくことも、A児には面白く感じられたのではないだろうか。

　筆者の歌に合わせて歩けるようになったということは、A児が他者の存在を意識できるようになってきたということでもある。逆に、A児の歩きに筆者が歌を合わせたことは、自分の行動が他者に反映されていることに気づくきっかけになっただろう。他の行動を促すためにも歌を用いることで、タオルやコップをかけるなど、毎日決められた朝の用意も、A児は支障なくこなせるようになった。

②　A児がこのように他児の行動を模倣するようになったということは、自己の行動をいくらかはコントロールできるようになってきたことを意味している。

　　　　また、ウッドブロックの「どちらの音が好き？」という質問に対
　　　するＡ児の応答は、楽器に対する関心から、共同注意に発達して
　　　きたことがわかる。
③　替え歌を歌い始める前までは、Ａ児は３名の園児と残って、静
　　　かにお弁当を食べていた。そのとき、聞こえてきた即興歌をＡ児
　　　が替え歌で表現した内容が楽しいものであったために、他児や筆者
　　　に認められる機会となった。

　この週には、歌を媒介に人とかかわるきっかけが生まれ、歌うことに
対する抵抗感もなくなってきている。Ａ児は他児がつくったメロディ
を正しく把握し、声を出してはっきりと歌うようになった。これまでに
は見られなかったことである。これは、①で述べたような、歌を中心と
した働きかけがきっかけになったといえる。
　また、Ａ児がこのように他児の音楽活動を意識するようになったのも、
一つには、リズミカルな声への関心をもっていたからだと考えられる。

◆ 第４ステージ：Ａ児の歌唱の出現
　エピソード４-２　　９月９日) ９回目

④　昼食時に男児が〈崖の上のポニョ〉を歌い始めた。しばらくして、
　　Ａ児が「ポニョポニョポニョうるさい子」と元の歌詞にあった「魚の」
　　という部分を「うるさい」に替えて歌ったところ、他児が大笑いして、
　　この替え歌を真似る場面があった。他児に真似られて嬉しくなった
　　Ａ児は、何度も歌を繰り返し歌っては笑っていた。食事は進まなかっ
　　たが、他児と交流する経験ができた。
　　　クラス活動の遊び歌〈ぐーちょきぱー〉では、Ａ児は皆の輪の中
　　に座っているが、テンポが速いためか参加することができないよう
　　である。他児の様子や筆者の顔を一瞬見ることもあったが、参加せ

ずにその場から離れる。
⑤　男児がペーパーの芯を口に当てて「エー、エー」と面白い声を発していた。それを見たA児も同じように手を丸くして声を発しながら男児に近づき、歩き回った。

前回と同様、お弁当を少人数で食べるというリラックスした場面では、A児が替え歌を歌うことを楽しんでいることがわかる。また、他児や筆者が大笑いする反応に気付いて何度も歌うというふうに、他者の期待にこたえるような行動も出始めた。

④　A児が何度も繰り返し歌ったのは、替え歌で他児に認められたことがよほど嬉しかったからだろう。また、他児の期待にこたえるつもりもあったのかもしれない。ともあれ、A児自身も笑っていた。歌を媒介に人とかかわることができ、「歌う」という表現がクラス内で行えるようになってきた。A児は歌うことに自信をもち始めたようだ。
⑤　これまでは他児の様子にほとんど関心を示すことが少なかったA児だが、高い声を発しながら歩き回る他児の行動を面白いと感じ、自分にもできると確信したことから模倣に至ったのであろう。これは、A児の内面に起こった大きな変化が、行動にあらわれたものだといえる。

◆ 第4ステージ：A児の歌唱の出現
エピソード4-3　（9月16日）10回目

運動会前ということもあり、教諭6名が運動場で〈崖の上のポニョ〉に合わせたダンスを、子どもたちに見せていた。しかし、A児はダンス

よりも音源に興味をもち、スピーカーに近寄って行くが、遠くの方に見えるダンスには注目せずに土いじりをする。

⑥　園庭の大きな円の中で自由に歩き回る活動では、Ａ児も円から出ずに皆と同じ方向に歩くことができる。また、座るという号令には自分と同じ色の帽子のクラスの友だちの所へ行き、座ることができた。皆の動きが止まるとＡ児も動きを止めるなど、集団の中で他児の模倣をしながら自分の行動をコントロールでき始めた。

⑦　以前にＡ児がつくった替え歌を筆者が歌ってみると、Ａ児は「ちがうよー、ポニョポニョポニョ魚の子、まんまるおなかの女の子」と正しい歌詞で歌い出した。

⑥　室内のクラス活動では自分の動きを他に合わせなかったＡ児だが、運動会の練習では他児の行動を徐々に真似られるようになってきた。つまり、意識的に音楽に合わせて模倣ができる段階にＡ児が到達したのだといえる。

⑦　こうしたＡ児の行動は、他者に対する認知が発達しつつあることのあらわれである。家庭では「うた、いや」と公言していたＡ児が、今や他児の歌を替え歌にするという複雑な表現をこなすのみならず、他者の誤りを正して歌ってみせるまでになったのである。

最初、Ａ児にとって「歌」とは自分の意思によるものではなく、外から強制されるものだった。それゆえ、自分の中で十分に消化しきれず、否定的なこだわりとなり、それが「うた、いや」という言葉に表れていたのだろう。ところが、筆者との個別のかかわりの中で自分の音楽表現が他者に受容・共感され、「歌」を様々なかたちで体験することで、そのこだわりから徐々に解放されていった。しかも、保育者や他児に認められることによって、歌うことを楽しむようにすらなったのである。

さらに、歌詞の間違いを指摘するなど、A児は他者の行動にも関心をもち始めている。様々な音楽体験が歌うことへの動機づけになり、歌を介したコミュニケーションが生まれ、その過程で他児との音楽の共有を経験することができてきた。

ところで、A児が好んで歌うこととなった〈崖の上のポニョ〉だが、日頃の生活の中で聴かれる機会の多い曲ゆえ、自然と覚えてしまっていたのだろう。この歌は、楽譜の上では複雑なリズムや幅広い音程もあるが、リズミカルで楽しい言い回しは子どもには覚えやすいもので、決して歌いにくい曲ではない。さらに、テレビ映像で歌手の女児が手の動作をつけて笑顔で歌う様子を見ることができるなど、視覚的にも子どもの情動を刺激し、表現への意欲を喚起する曲だといえるだろう。

◆ 第4ステージ：A児の歌唱の出現
エピソード4-4　　（10月14日）11回目

登園時、歩きながら筆者のメモを見たA児は、「ポニョポニョポニョと書いておこうね」と言いだした。「これでいい？」とA児に尋ねると、「これでいいよ」と会話のやり取りが成立した。

⑧　〈崖の上のポニョ〉に合わせて、音積み木で合奏する。拍子を取るだけの叩き方だが、満足そうである。
　　〈こぶたぬきつねこ〉を歌い、「この歌知っているかな？」と聞くと「知らない」と答える。別の場所で「うた、ながい」と発言する。

⑧　保護者との話し合いでは、家庭では母親が歌う童謡をA児は好まず、それを拒んでいるとのことであった。しかし、幼稚園では、テレビでもよく耳にする歌〈崖の上のポニョ〉の場合、歌詞を書

き留めて欲しいという要求を出したり、歌に合わせて楽器で拍子をとったりする行動が見られた。A児にとって場の雰囲気や選曲によって、歌に対する思いが異なるともいえるだろう。ただ、A児の主張にもみられるように、長い歌は好まないということが明確であった。このことは、保育における選曲の問題として大切なことであるといえるだろう。

◆ **第5ステージ：A児が他者と行った応答的な楽器演奏**
　　　エピソード5　（10月21日）12回目

① 登園時、正門でA児を出迎える。A児は笑いながらも運動場に行こうとするが、筆者の首に下げていた4つの野菜の絵に気づき近づいてきた。絵を一つずつ指さしながら、〈やさいの音楽会〉を「きゅうりがキュキュキュ、トマトがトントン・・」と筆者が歌ったところ、「もう1回」とA児がはっきりとした口調でリクエストをした。再度歌うと、A児は、絵を見ながらじっと聴いている。
　少し歩き始めたところでA児は立ち止まり、「もう1回やってみようか」と歌ってもらうことを要求した。再度歌うと、A児は笑いながら野菜の絵を触り始めた。そして、歩きながら何度も要求の言葉を繰り返したが、その文言が次第に長くなっていった。

② 部屋の隅で男児が「Aくん、なーなーやろう」とA児に声を掛けてきた。するとA児は、この男児とともに床に座り、男児の「フーフー」という掛け声に合わせてお尻を床につけたまま両足で後ずさりをする遊びを楽しむ。A児には笑顔が見られたが、朝の準備があるため中断となった。

③ 床に座りA児と筆者がバチでパドルドラムを同時に叩き始めると、A児は真剣な表情になった。少し速く叩くなど、叩き方にも変化が生じ、この楽器を好む様子が見られた。

第1章　個別支援の実践による 自閉症児の音楽行動の変容　　63

④ 〈やさいの音楽会〉を歌いつつ、それに合わせて筆者がパドルドラムを打つ。そして、休符の部分で楽器をA児の目の前に差し出すと、うまく叩くことができ、このパターンを3回繰り返すことができた。

⑤ 4回目になると、歌の間中、A児は8拍目の休みをとらずに全ての拍を叩くようになった。そこで、最初の4拍を筆者が叩き、次の3拍（擬音の部分）をA児が叩けるように目の前にパドルドラムを出したところ、擬音に合わせて「トントントン」と3回打つことができた。

　隣で見ていた女児が「やりたい」と申し出ると、A児はバチを女児に渡した。その後、歌に合わせて、A児は女児と1つのドラムを叩き、楽器を他児と共有することができた。

⑥ A児は砂場で、赤いバケツに砂と水を入れて手で固めたり、すりこぎで混ぜたりする。スコップで早く混ぜたときの「シャリシャリ」という大きな音と、ゆっくり混ぜるときの「シャーリ、シャーリ」という静かな音を筆者が声で表現する様子に、A児は耳を傾ける。

⑦ A児が、砂を型押しの中に押し込んで入れるときに、筆者が「ギュー」と言い、スコップで叩くときには「ペタペタペッタン」、土の上にひっくり返すときには「シュー」という言葉をつけてみた。筆者が行動と異なる擬音を発すると、A児はその言葉に合わせるかのように行動を変化させる様子が見られた。

---

① 最初にA児が近づいてきたとき、絵を指さしてきた。「これは何だろう？」という興味の表れである。期待通りの行動であり、筆者はその機を逃さず、〈やさいの音楽会〉を歌いかけた。すると、このことがさらにA児の指さし行動を誘発し、筆者もそれに応える。このやり取りの後に、A児は「もう1回」と、はっきりとした言葉で要求を伝えてきた。しかも、それが繰り返されるうちに、「もう1回やってみようか」「お部屋でもう1回やってみようか」といっ

た具合に、徐々にセンテンスが長くなり、内容もより具体的なものへと変わっていった。この変化は画期的だった。

　その一因は、絵を用いたことだろう。視覚優位といわれる自閉症の子どもにとって、やはり絵の教材は印象に残りやすく、歌へ導く手段としては有効なようである。また、ここで用いた〈やさいの音楽会〉という曲の特徴も、Ａ児の興味や変化に関わっているものと考えられる。つまり、「適度な長さ」「同じリズムの繰り返し」「擬音の使用」といった特徴が、発達初期の段階の子どもには受け入れやすいのだろう。

　ちなみに、Ａ児はこの歌が本当に気に入ったらしい。というのも、家庭内でもこれを歌っている、という話を保護者からうかがったからである。今やＡ児は以前の「うた、きらい」という感情からすっかり解き放たれたように見受けられた。

② これは自由遊びの中でのことで、単純な遊びではあったが、クラスメートに誘われて遊ぶという、Ａ児にとっては楽しい体験だったようだ。ここでＡ児が他児の動作をリズムも含めて模倣できている点が注目される。と同時に、こんなふうにクラスの友だちと遊ぶことができるようになり、他者とのかかわりを深めつつある点も、見逃せない。

③ Ａ児のパドルドラムの叩き方を筆者が真似ることで、ほぼ同時に叩くことになった。Ａ児の叩き方にはテンポの揺れがみられたが、自分の演奏が他者と合うことに気づき、楽しんでいたようである。

④ こうした叩き方は、相手の動作をきちんと認識しなければできないことだが、Ａ児にはそれが可能になったわけである。

⑤ とはいえ、飽きてきたのか、Ａ児は好き勝手にドラムを叩き出す。そこで筆者が新しい叩き方を示すと、それにうまくのってきた。そして、これに慣れてくると、Ａ児は曲の中での自分の役割を把握したらしく、音楽的な演奏になってきた。

⑥ このとき、筆者はＡ児の手が動く速さに合わせて擬音を変えた

わけだが、A児は自分の手の動きに一致する擬音に聴き入っていた。
⑦　こうした反応からは、A児が他者の声を聴き分け、そのニュアンスの違いに気づいていることがわかる。

◆ 第6ステージ：リズムの記憶と表現の広がり
エピソード6-1　　（10月28日・11月4日）13・14回目

①　担任保育者が、〈庭に出て遊ぼう〉という歌を歌いながらA児の朝の準備をサポートする。歌が「3番は水筒」「4番は制服」「5番目は‥」と続くと、歌詞に合わせてA児はスキップでいつもより早く目的場所に向かうことができた。

　　パドルドラムを出すと、A児は嬉しそうな表情になり、箱の中に入っているバチを見つけて、軽くジャンプする。

②　筆者の首からぶら下げていたネームプレートの野菜の絵を指さす。「歌って欲しいの？」という問いかけにA児はうなずく。〈やさいの音楽会〉を歌うと、擬音のところで3回、A児はバチでパドルドラムを打つ。この活動を3回続けた後に、A児に満足そうな様子が見られた。他児も順番待ちをしながらじっと見ているため交代を促したところ、次の女児にバチを渡した。その後、A児は自分が描いた人物画を持ってきて筆者に手渡してくれた。

③　「〈やさいの音楽会〉か〈こぶたぬきつねこ〉のどちらが良い？」とイラストを見せながら尋ねると、A児は必ず〈やさいの音楽会〉の方を指さす。そして、前回と同じように、交互にパドルドラムを叩く。

　　次に、選択されなかった〈こぶたぬきつねこ〉を歌いつつ、応答の部分でパドルドラムを叩きながらイラストを見せると、A児はバチを握りしめたままじっと筆者を見ていた。〈ひげじいさん〉でも同様の反応を示し、バチで楽器を叩くのではなく歌を聴いていた。

① この曲のように付点のリズムが繰り返される歌は、スキップの動作を誘発しやすく、そのスキップのリズムに合わせることでＡ児の行動が円滑に進んだのだと考えられる。

　パドルドラムを出すとＡ児が嬉しそうな表情になったのは、前回の〈やさいの音楽会〉での体験を１週間忘れずにいたからだろう。この曲はモチーフがはっきりしており、擬音の部分は３拍とわかりやすいため、その部分にパドルドラムで演奏をすることは容易にできた。最初はＡ児がリズム打ちをする部分で楽器を彼の前に差し出すようにしていたが、一旦リズムを覚えてしまうと、パドルドラムの有無にかかわらず、擬音の部分でのリズム打ちができるようになった。Ａ児は、次第に楽器を演奏することに自信がつき、笑顔を見せるようになった。

② Ａ児はさらに自信を深め、笑顔も増え表情が豊かになってきた。しかも、他児にもバチを渡すというふうに、社会性も芽生えていることに筆者は気づく。

③ Ａ児には、常に最初の歌として〈やさいの音楽会〉を選び、他の曲を顧みないという、こだわりも感じられた。そこで、〈こぶたぬきつねこ〉や〈ひげじいさん〉のように、演奏することに慣れていない曲も採り上げたところ、どのようにしてよいのかわからずに困った様子ではあったが、じっと筆者の手元を見ていた。Ａ児にとって、好まない曲に合わせてパドルドラムを叩くことは難しいのだろう。曲の見通しがつかない場合や自信がない場合には、楽器演奏に対しても慎重な態度になっていることがわかる。

　なお、この実践の最初の段階では、Ａ児はもっぱら筆者と対面で音楽活動を行っていたが、この頃になると、他児とのかかわりが当たり前のようになってきている。そして、その中で、順番を待つ他児へ楽器を譲ったり他児の叩き方を見たりするなど、Ａ児は有意義な経験を重ねている。

◆ 第6ステージ：リズムの記憶と表現の広がり
エピソード6-2　　（11月4日）15回目

④　遠足でバスに乗り近くの寺院に行く。バスに乗りながら筆者が〈バスバスはしる〉〈バスごっこ〉を歌うと、A児は休符のところに舌打ちを入れる。A児は、もう1回繰り返して欲しいという要求を、人差し指を立ててみせることで伝える。

⑤　車中でA児が、筆者の首からぶら下げたネームプレートの絵を指でさしながら〈やさいの音楽会〉をリクエストする。そこで筆者が歌うと、擬音の部分に舌打ちや「プ」「パ」という声を出すなど、新しい表現が見られた。

⑥　寺院を歩行中に〈バスごっこ〉を歌いながら、休符のところでA児の手を握ると、A児はジャンプをしたり、舌打ちしたり、「プ」という声を出したりするなど、多様な表現を行う。表情も生き生きとして、列を崩さずに歩く。

バスで遠足に行けることを知ったA児は、バスに乗れることを心待ちにし、登園時から機嫌が良かった。

④　バスの中でのA児は、椅子に座ったり立ったりしながらも筆者の歌う童謡を喜んで聴いていた。のみならず、自分も音声を出すことで歌に参加し、満足そうな表情であった。歌詞を歌いはしなかったが、曲のリズムを確実にとらえて、身体を使って表現していた。

⑤　〈やさいの音楽会〉でも同様に、バスの中で、歌詞の無い部分で座ったままジャンプなどもしつつ、歌とのやり取りの中でA児自らが即興的に考え出した表現を行っていた。以前は歌を好まないA児であったが、歌を介して多様な身体表現を行うようになった。

⑥　ここでは、A児自身の身体や多様な声を使った表現で他者とのやり取りを行えた。このような自分と相手が交互に身体的な表現をするという経験は、言語的コミュニケーションに発展する糸口になったことだろう。

◆ **第7ステージ：リズムに合わせた身体表現活動の発露**
　　　エピソード7　　（11月11日）16回目

筆者が「楽器遊びをしない？」と誘うと、A児は楽器の入った袋に手を伸ばして、2本のバチを取り出しはじめた。「1本のバチを頂戴」と言うと、1本を筆者に渡し、絵を指さしながら歌のリクエストをする。

①　〈やさいの音楽会〉を歌うと、以前のような筆者との交互奏は行わなかったが、A児は拍を感じてドラムを叩き、終止のみを一緒に合わせることができた。
②　外のテラスでA児が三輪車に乗って移動している横で「ブーブーブー」と言うと、A児も真似て「ブーブーブー」と言葉を繰り返しながら、筆者の顔を見た。
③　年長児が遊戯室に置いてある打楽器類で遊んでいる様子を見ていたA児は、皆と同じようにバチでシンバルを叩き、音を楽しんでいた。
　　次に、年長児がコンガを叩くのを見て、A児も同じように段に上ってコンガを叩き始める。A児はずっと年長児の叩き方を模倣するなど、楽しそうに楽器遊びを行う。
④　A児は遊戯室に一人で入って1段高くなった台に上り、右手にスズを持ってスキップを始める。動くたびに台のきしむ音と鈴が鳴ることに、A児は満足したようにスキップを行う。
　　その足音に合わせて筆者が「パッパ、パッパ」と声を出しながら手拍子をつけると、A児はこちらに視線を向けながらサイドスキッ

プを続けた。

　時折、筆者が声を発するのを止めると、A児もスキップを止めて催促するように筆者を見る。再度、筆者が手拍子と声を出し始めると、A児もスキップを再開する。この遊びを10分近く続けた。

　次に、スキップをしている自分の姿が鏡に映っていることに気づいたA児は、その姿を確認しながら笑顔でスキップを行っていた。

---

① A児はこれまでのような筆者に応答する演奏の仕方をやめ、発散的で自由な叩き方をするようになった。期待される表現ではなく、主体的な表現を行いたい、ということなのだろう。しかし、筆者と終止を合わせることはできた。
② 外遊びでも徐々にA児は、自分にかけられた言葉に気づき、模倣することができるようになった。他者とのコミュニケーションに少しずつ変化が見られる。
③ ここでA児はとくに、大きなシンバルを太いバチで叩くことを好み、年長児の指示通り順番待ちをして、しっかり叩いていた。次第に社会性が身に付きつつあることがわかる。
④ この場での大きな変化は、A児がリズミカルに身体を使って表現を楽しんでいることである。A児は、自分の身体表現と筆者のリズム打ちが同期していることに気づきはじめた。これはつまり、A児が身体運動をコントロールし、人に合わせることを自覚できるようになってきた、ということを意味する。さらに、あれこれ楽器で試して遊ぶ中で、他児の演奏を模倣する様子が頻繁に見られたということは、人や物に注目する力がA児に育ってきているのだといえる。

◆ 第8ステージ：クラス活動における A 児の様子

クラス活動においては、これまで小集団または個別で行ってきた活動と新規の音楽活動を入れて行い、A 児の集団における参加の様子を観察した。

エピソード8　クラスの音楽活動　　（12月2日）　17回目

　朝の用意がスムーズにできる。コップをかけるときに落ちたので、「おーちた、おちたコップがおちた」と歌いかけると A 児はニヤッと笑う。その後、廊下で「おちたー」の部分だけを模倣して歌う。

　以下はクラス活動中の A 児の様子である。

① 〈やさいの音楽会〉を歌うと、擬音のところでドラムは叩くが、同じ場面で手を叩くことはやったことがないためか、行わない。

② 〈やさいの音楽会〉を歌うときに、A 児は身体や足で拍子をとって、リズムにのる。

③ 〈やさいの音楽会〉に合わせて、4人ずつハンドドラムを叩く場面では、自分の順番を椅子に着席して待ち、自分の番になるとリズムに合わせてはっきりした音で叩く。

④ ウッドブロックの2種類の音を静かに聴き、高い方を当てる活動では指さしをする。

⑤ 〈こぶたぬきつねこ〉に合わせて繰り返しの部分を楽器で表現する活動には参加しないが、他児の様子は見ていた。

⑥ 初めての楽器であるスプリングドラムの音を聴く場面では、順番を待って興味深く楽器の音を聴く。また、〈おばけなんてないさ〉に合わせて、スプリングドラムを鳴らすと、じっと聴いている。この楽器から自分でいろいろな音を出してみる活動でも、A 児は順番を待ち、音を聴いた後、次の人に楽器を渡すことができた。

第1章　個別支援の実践による 自閉症児の音楽行動の変容

＊以下の活動は、A児がうまく参加できなかったものである。
(1) 歌に合わせて手足の体操を行うが、その場の状況がつかめない様子で、椅子から下りる。担任がA児の手を取って模倣をさせようとするが、気分がのらず、行わない。
(2) 筆者がパドルドラムを叩きながら〈10人のインディアン〉を歌い、子ども一人ずつの前に移動すると、それまで起立していた子どもが着席する、というふうにした。A児も自分の番がくると椅子に座ることができ、その後も座ったままで筆者の動きを目で追いかけていた。しかし、筆者が遠く離れてしまうと、席を立ってしまう。
(3) 〈やさいの音楽会〉の替え歌をグループごとに考えて、表現するという課題には参加しないで離席する。
(4) 〈おもちゃのチャチャチャ〉を皆で歌う活動には、参加しない。

担任保育者がA児の傍で言葉かけの援助をしたおかげもあるが、A児は筆者のこれまでの個別支援で経験した①〜⑤はもちろん、新しい体験である⑥についても、ほぼ参加することができた。

① 集団の中では楽器の順番を「待つ」ことが多くなるが、順番がくるまでA児は椅子に着席をして待ち、自分の番になると歌に合わせてリズミカルに演奏をするなど、周囲の状況を把握しながら行動することができるようになった。
② クラスの子どもたちが歌う場面では、A児は着席しながら歌を受け入れている様子であった。
③ ここでは交互打ちを行っているのだが、A児はしっかりとリズムを感じ、自信をもって演奏することができており、他児からも認められていた。
④ この場面で、A児は、ウッドブロックの2種類の音を聴いて、高い音と感じたときに手を上げて指さしを行っていた。これは以前に

一度だけ筆者との間で行ったことがあるものだが、そのときに質問の意味と答え方を習得していたようである。
⑤ この活動も筆者と行ったこともあるが、大勢での楽器演奏は初体験であったことから、A児は圧倒されている様子だった。
⑥ これはA児にとって初めての体験であったが、うまく参加することができたものである。「A君回してよ！」と他児から声をかけられ、うまくドラムを手渡すことができた体験は、A児にとってクラス参加へのきっかけとなった。また、A児がクラスの一員としての存在感を周りに感じさせることともなったであろう。

他方、A児がうまく参加できなかった活動もいくつかあった。

(1) 初めて見た手足の体操をすぐに模倣することは、A児にとっては難しかったようだ。
(2) この場合、A児が席を立ってしまったのは、筆者が付近から離れていったことから、集中力が途切れてしまったためのようだ。というのも、近くで演奏された〈おばけなんてないさ〉の場合には、じっと集中して聴き入っていたからである。そして、A児は注目するところを見失うと、自分が思った行動に出てしまう。
(3) これもまた、A児にとっては未経験の活動であり、それだけに、何をどうやったらよいか見通しを立てることができず、参加が難しかったのかもしれない。
(4) 上に同じ。

約30分間の音楽的活動であったが、それについて担任保育者はこう述べている。「参加しないこともありましたが、A児の中でこの音楽活動がつながっていたように感じられました。このように落ち着いて参加することは、初めてですよ」と。つまり、担任保育者の目から見ても、A児の成長ぶりがはっきりと認められたようだ。そして、筆者としても、

これまでの個別支援の有効性を今一度確認することができた。

また、今回は、これまでの支援の中では初めてクラス活動にA児を参加させたわけだが、まことに有意義なものとなった。一生懸命表現を行うA児にいろいろ手助けし、話しかけるクラスの子どもたち——それは、双方にとって、貴重な経験ではなかっただろうか。

(2) 考察

以上、筆者が行った実践の報告し、註釈を付けてきた。次に、それらに考察を加えていこう。

音楽行動の変容

まず、各ステージで見られたA児の音楽行動を「聴く」「(音楽に合わせて)動く」「(楽器の)操作」「歌う」の4項目に分類した(表1-1)。丸付き数字は「エピソード」中の項目を指す。そのあらわれ方と変化を追ってみよう。

表1-1　音楽行動のステージ別分類

	第1ステージ	第2ステージ	第3ステージ	第4ステージ	第5ステージ	第6ステージ	第7ステージ	第8ステージ
1 聴く	②	①	②③④⑤	①⑦⑧	①⑥⑦	①③	③④	②⑤⑥
2 動く				①②⑤⑥	②⑦	①⑥	④	③
3 操作	①	②③④	①②④⑤	⑧	③④⑤	②③	①③	①④
4 歌う				②③④⑤⑦		④⑤⑥	②	③

第1ステージでは、A児は楽器にも触れようとせず、他児の楽器演奏にも無関心であるかのような状態だった。しかし、カリンバとの出会

いがきっかけになり、楽器の「操作」を行うようになった。

第2ステージでは、それに加えて、〈数字の歌〉を集中して「聴く」ようにもなった。さらに、歌に合わせて自分で書いた数字を指さすことも し、他の楽器にも触れてみるなど、行動が広がりを見せる。

第3ステージでは、A児はピアノをはじめ多くの楽器に触れるようになり、伴奏に合わせて楽器演奏を行うというふうに、他者との共感的な行動を示し始めた。

第4ステージでは、遊びの中で「歌う」という行動が初めてあらわれた。これは、他児の行動を観察する中でA児が刺激を受け、替え歌として行ったものだ。また、他児の掛け声に合わせて身体を動かす動作模倣も見られ、目と耳を使いながら身体を協応させる様子が見られた。

第5ステージでは、視覚教材への興味からか、A児は〈やさいの音楽会〉を何度も繰り返し聴くようになった。楽器の扱いも、操作的な段階から音楽的な表現へと変化し、他者との交互奏が可能になった。

第6ステージのバス遠足では、筆者の歌を聴きながらA児は多様な声を発し、また身体表現をするなど、第4ステージ同様、全種類の行動があらわれた。とくに、同じ歌を何度も繰り返す中で、休符の場所を正しく把握しているようだった。

第7ステージでは、あらわれた回数こそ少ないものの、個々の音楽活動が10分近く集中的に行われ、A児が集中して自由な活動に取り組む様子が観察された。中でも、年長児の楽器操作を模倣したり、筆者の声に合わせてサイドスキップを行ったりするなど、音楽活動を集中して行う様子が見られた。

第8ステージのクラスの音楽活動では、A児はすでに経験済みの事柄については積極的に参加することができた。他方、未経験の事柄については、戸惑うことが多かったようである。

第1ステージから第3ステージまでは、A児の音楽行動は「聴く」ことと楽器の「操作」に限られている。だが、A児の音楽行動が音楽に同期する経験の中で、次第にA児は音楽を提供する人への関心をもち

始めたようだ（このことは、筆者と視線を合わせることが多くなってきたことからわかった）。そしてさらに、筆者との音楽活動で積んだ経験を集団の活動の中で活かす場面も見られ、ステージが進むにつれてA児の表現の幅は広がっていった。

だが、全体のステージを通してもっとも注目すべきは、第4ステージである。ここで、A児の音楽行動に大きな変化が見られたからだ（4種類の音楽行動すべてが出そろったのも、このステージである）。これまで歌に対して「うた、きらい」と消極的な態度を示していたA児であるが、自ら他児の声を模倣したり、替え歌を試みるなど、徐々に「歌う」ことに積極的になり始めたのである（ただし、もちろんこれは、いきなりそうなったのではなく、あくまでも以前のステージでの積み重ねがここで花開いたわけだ）。また、音楽に合わせて「動く」ことも初めて行うなど、このステージでの変化が、以降のA児の音楽行動の土台をなす。そして、最終的には、経験済みの事柄に限られるとはいえ、集団活動に参加するまでになったのである。

なお、A児の音楽行動における変容のありさまとその意味をまとめると、次のようになる。

表1－2　A児の音楽行動における変容の意味

日付	訪問回数	働きかけ	変容	働きかけと変容の意味
2008年6/17	3回目	・A児のリクエストにより一緒に数字を書く。 ・数字を書く速度に合わせて「数字の歌」を静かな声で歌いかける。	・A児が書く数字と歌の数字が一致していることに気づく。 ・歌う筆者と視線を合わせ、わずかに微笑む。	【同期から他者への関心の萌芽】 ・A児が興味をもつ数字に、歌で同期することによりA児の自己感が高まり、歌に興味をもつきっかけになったのではないだろうか。 【三項関係の成立】 ・A児の書く数字と数字の歌がA児の中でつながり、他者への気づきにつながったと考えられる。

日付	訪問回数	働きかけ	変容	働きかけと変容の意味
7/1	5回目	・個別指導において、A児の楽器演奏に合わせて歌で同期する。	・クラス活動における歌唱を聴いたA児は、音積み木を持ってクラスの集団の中に入り、曲想に合わせて演奏する。	【クラス活動の歌に楽器で同期】 ・個別で行っていた歌と楽器演奏の一致を、クラス活動の中に入って再現しようとする意欲が出る。 ・A児の中の、楽器演奏による集団への参加ができるという自信のあらわれと考えられる。これ以降、他児と交わろうとする自主的な行動が見られる。
9/2	8回目	・他児が即興でお弁当の歌をつくって歌う。 ・子ども3人がお弁当を食べる静かな環境にいる。	・A児は他児の即興歌のメロディを聴いていた。即座に歌を把握し、歌詞を自分のお弁当の中身に替えて歌いだす。	【替え歌による自己実現】 ・歌うことを苦手とするA児であったが、他児の作った短くわかりやすいリズムの歌に興味を示した。自分も歌えると確信して歌ってみたといえる。 ・他児の行動を注視していることがわかる。 ・他者に賞賛されることで何度も繰り返して歌うようになり、歌に対する苦手意識が軽減する。
10/21	12回目	・視覚教材として、首からぶら下げたネームプレートに「やさいの音楽会」に登場する野菜の絵と歌詞を書いておく。	・A児は運動場に出ようとしていたが、ネームプレートの絵に気づき関心を示す表情になる。絵と一致する歌を聴いたA児は、指さしでリクエストを伝えた。さらに言語による要求が出る。	【視覚教材によるリクエスト】 ・絵と歌と歌詞の一致に気づいたA児は、「やさいの音楽会」という歌に関心を強くもった。その要因として、野菜の絵が身近な物であり、野菜ごとに擬音が出てくる面白さや歌が短いことが、A児の中に取り込みやすかったといえる。リクエストをしたいために、指さしや言葉での表現が出る。 ・リズムが同じオスティナートの曲は、理解しやすいといえる。

第 1 章　個別支援の実践による自閉症児の音楽行動の変容　　77

日付	訪問回数	働きかけ	変容	働きかけと変容の意味
10/21	12回目	・パドルドラムをA児の前に出して叩くように促したり、筆者が叩いたりして交互に演奏する。	・A児はパドルドラムが差し出されたときに1拍1打ちの演奏をする。目の前に楽器が無いときは筆者の演奏を見て待つことを経験する。歌のフレーズを理解すると楽器の有無に関係なく待つことができる。	【楽器によるやり取り】 ・最初は、意図的に楽器が目の前にあるときと無いときを設定をし、歌に合わせて楽器を叩く環境を設定するとA児が従う。これは、馴染みのある歌「やさいの音楽会」であったことから、曲の見通しが立っていたためと考えられる。 ・非常に短い歌であるが、擬音がリズミカルにあらわれ、また終止もわかりやすいので、フレーズの理解ができたと考えられる。
11/4	15回目	・遠足というリラックスした雰囲気の中で、知っている歌や即興歌をA児に歌いかける。 ・歌の休符のところでA児の手をギュッと握る。	・バスの中では、歌「バスごっこ」に合わせて、強拍や休符のところで腰を浮かしたり、首を振ったりする。 ・外で筆者と手をつなぐと、歌に合わせてスキップやジャンプをする。強く握ると身体表現を大きくする。	【身体表現の発露】 ・A児が楽しいと感じてきた歌に対しての反応はとても良く、拍を感じて首を振る、舌打ちする、腰を浮かす、足を踏み鳴らすという様々な方法で表現するようになった。 ・これらのA児の表現を賞賛することで、集中して長く表現することも可能になった。 ・音楽に合わせて粗大運動をすることで、心身ともに快の情動を味わっていたと考えられる。

日付	訪問回数	働きかけ	変容	働きかけと変容の意味
11/11	16回目	・A児が既に行っていたスキップのリズムに合わせて、手拍子をしながら適当に言葉をつける。 ・声と手拍子を中断してA児の反応を見る。	・A児1人でスズを持ってスキップしていた。台のきしむ音とスズの音を楽しんでいたところへ、歌と手拍子が聴こえ他者を意識する。 ・他者に合わせようとする。	【スキップの同期から他者と合わせようとする】 ・A児1人のスキップの表現であったが、歌と手拍子による他者の侵入にどのように反応するかと観察したところ、A児のスキップを他者の声や手拍子と一致させていることに気づく。 ・声と手拍子の中断に対して筆者の顔を見たことから、他者との同期を楽しむようになったと感じられた。 ・A児自ら、他者に同期しようとする自発的な変化が感じられる。
12/2	17回目	・登園時に、今日はクラスの音楽活動に参加してみようかと誘いかけておく。 ・A児の椅子は、筆者からは少し離れているが、見えやすい位置に設定する。	・個別で行っていたパドルドラムの交互奏や「やさいの音楽会」の歌唱には、楽しんで参加する。 ・他児の活動する様子を見て待つこともあるが、理解できない場面では、椅子から降りようとする。	【一斉のクラス活動に自主的に参加する】 ・個別で行った内容については、自主的に参加する。 ・初めての活動場面では、興味がないという態度を離席によってあらわすが、立ち歩かないで床に座る。 ・A児自身が参加できる内容の場合は、他児の活動の様子を直視し、待つことができる。 ・A児は、集団活動に参加し表現する楽しさを感じているようである。

音楽活動がA児に与えた心理的影響

　では、このように行動が変容する過程で、A児の内面にはどのような変化が生じたのであろうか。次に、この点に目を向けることにしよう。

　第1ステージでは、音楽活動は、A児がこれまでからもっていたであろう音楽への関心を引き出す役割を果たした。最初、音楽コーナーでは他に5～6名の幼児が遊んでいて、楽器の様々な音が鳴り、歌声が聴こえていたからだろうか、A児の行動は消極的だった。不慣れな環境に対する、自閉症児にありがちな反応である[4]。だが、その場から退出しなかったところをみると、A児には楽器や音楽コーナーへの関心があったと思われる。

　その関心を具体的に引き出したのが、民族楽器カリンバだった。音色や響きや感触が心地よく、操作も簡単であったことがA児をこの楽器に親しませたのだろう。やがて、それを積極的に自分で操作し、ある種の表現をするようになる。音と楽器から伝わる振動を外界からの刺激として自己の中に取り入れた結果、情動や感覚の内界が刺激され、そうした表現が生まれたのだろう[5]。A児にとってのカリンバ体験は、楽しみや自己表現であると同時に、外界を受容しようとする姿勢のあらわれでもあった。つまり、これは、音楽を介して周囲の環境に適応する第一歩だったといえる。

　とはいえ、その第1ステージでのA児の行動をみる限りでは、あくまでも「自分－モノ（楽器）」という二項関係の中でふるまっていたように見受けられた。事実、その時点ではA児は、他者の歌声や筆者の声掛けをあまり聞いていないようだった。ところが、第2ステージ以降、一連の行動の中で他者に模倣されるなど自分の行動を他者に認めてもらう場面が多くなるにつれて、A児の行動は次第に「自分－モノ－他者」への三項関係に基づくものへと変わっていく。例えば、第2ステージ（3回目——支援の通算回数——）には、A児は自分の行為に合わせられた歌から、他者の存在に関心を抱く様子に変化している。それはとりわけ、第3ステージ以降に顕著で、他者の歌に合わせて楽器を操作し、曲

の終止を一致させるなどの場面が増えてきたことからもわかる。なお、このようにＡ児が楽器を歌に合わせる体験は、自閉症児が苦手とする他者と同じところを見るという「共同注意」を促すきっかけになったことだろう。

こうしたＡ児の変化は、言い換えれば、音楽に合わせて自分の行動をコントロールすることができるようになってきた、ということでもある。そして、この点は、対人関係をつくりあげるうえで重要な意味をもつ。それを宇佐川浩はこう言う。「音楽に合わせて自己調節が図られることは、自己像（対人関係）が育ち情緒が育つために必要不可欠なことである」と。つまり、最初の３つのステージでの音楽活動を通して、Ａ児の中では、他者と自分との区別がつく「自己像」が育ってきた、ということを示している。そして、そのことは、明らかにそれ以降のＡ児の行動に反映されている。

第４ステージ（８回目）で、Ａ児は他児の歌や身体表現を「模倣」するようになった。おそらく、他児の面白い声色や動作に興味を覚え、「自分もできるだろう。同じようにやりたい」という気持ちが芽生え、それが身体の表現になったのではなかろうか。とはいえ、そうした模倣を行うには、たんに意欲をもつだけでは無理である。このステージでそれが可能となったのは、他者のふるまい（外界）を目と耳でしっかりとらえ、興味をもつことで心（内界）が動き、それを自分の行動で表現する力が、Ａ児の中で育ってきていたからである。

ところで、この同じステージで、Ａ児は自分の替え歌が他児の間で真似られるくらい人気になるという体験をしている。これは極めて重要な意味をもつ。つまり、それは、自分の表現が他者にしっかりと受け止められていることを改めて強く確認できる体験だったのである。おそらく、これが自信につながったのか、はたまた、楽しさを知ったためか、以後、Ａ児は「歌う」ことにも積極的になっていった（とはいえ、このときも、そして、その後も馴染みがなく、自分がよくわからない曲には関心を示さなかった。どうやらＡ児は、自信のない活動には積極的な態度に出

られないようだった)。

　第5ステージ（12回目）でA児は、筆者が絵を提示しつつ歌った曲に関心を示している。この頃になると、A児は次第に歌に対する苦手意識が薄れつつあったようで、さらに次の第6ステージ（15回目）でも、歌に合わせた身体表現が様々な形であらわされるようになってきた。とくに、好きなバスに乗車したときには、気分が高揚したためか、積極的にあれこれと自己表現を行っている。ともあれ、こうした一連の行動は、自分の心を解放していく過程であったといえる。次の第7ステージ（16回目）では、自分の行動に筆者が歌と手拍子で介入しても、A児は寛容に受け止めたのみならず、自らそれに合わせることさえしたのだった。

　このように、A児は他者との簡単な交互奏や交互唱などを通して、他者の表現を受け止め、逆に自分の表現も他者に受け止められる、という経験を積んでいった。とりわけ、前者の能力の向上ぶりは、A児の音楽行動に如実にあらわれている。と同時に、こうした変化はコミュニケーションの面でも見られるものだ。そこで次に、とくにこの点について確認しておこう。

コミュニケーション力の発達

　コミュニケーション能力の発達については、すでに何度か述べたことだが、元々、A児は言語による他者とのコミュニケーションが苦手だった。そこで筆者が最初に心がけたのは、こちらから何かをさせようとするのではなく、できるだけ相手の行動やリズムを真似ながら、同じような気持ちをもつようにすることだった。この「同質の原理」にもとづいたやり方は功を奏し、筆者や他児と音楽を介して接する中で、A児は他者とテンポを調整したり、間を感じたりすることができるようになっていった。とくに、カリンバの音をよく聴きながら操作するようになると、楽器の音を介して他者の動きや音に合わせる行動が増えてきた。

　第1、2ステージでは、まだA児自身から積極的に他者とコミュニケー

ションをとろうとする態度は見られない。とはいえ、個別支援の中で筆者との絆が生まれたためか、他者の働きかけを拒みはしなかった。筆者の歌う数字の歌に同期したり、カリンバを他児に奪われてもさほど気にせず、他の楽器に興味をもつというふうに、A児は柔軟な態度を示す。そして、それだけに以後、コミュニケーション面でのA児の変容が期待された。

　A児が、音を介して他者と本当の意味で交流するきっかけになったのは、第3ステージで筆者とピアノ連弾をした経験といえるだろう[8]。なぜなら、ここで初めてA児は、他者に合わせてもらうだけではなく、自分から他者に合わせようとしたからだ（のみならず、筆者に視線を合わすことができるようになってきた）。このように他者と音楽を「合わせ」られたことで、A児は「合わせる」ことの楽しさを知ったようである。

　だからこそ、次の第4ステージでは、A児は他児と大きな声で歌うようになったのだろう。また、他児の歌を替え歌にしたり、行動を模倣したりと、とにかく外からの刺激を積極的に受けとめて、自分なりに反応を示すようになった。そして、そうした反応の一つひとつが新たなコミュニケーションの場面を開拓していった。替え歌を歌い人気者になるなど、以前のA児ではあり得ないことであった。

　第5ステージでは、1つのドラムを共有して遊ぶなど、A児は楽器でも他児とやり取りができるようになる。それは音楽能力の伸長とともに、コミュニケーション力の発達をも示すものである。ここでも他児の動作を、リズムをも含めて模倣し、楽しく遊んでいるのである。そして、以降のステージでもA児は少しずつ新たな経験を重ね、最後の第8ステージでは、集団の音楽活動に（部分的にではあるとはいえ）自主的に参加するに至ったのである。

　最初は筆者と目を合わせようとすらしなかったことを思えば、これは驚くべき変わりぶりである。もちろん、こうした変化が本当に定着するには、まだまだ時間をかけて幾多の過程を経る必要があろう。しかし、とにかくA児のコミュニケーションのあり方が変化を見せたのは確実

である。そして、その中で音楽が重要な役割を果たしていることも、実感させられた。

　本章では、一人の自閉症児に対して、音楽療法の視点から筆者が行った個別支援のあり方を述べ、その対象児が示した行動の変容を分析・考察した。これが次章以降に論を展開する上での土台となる。そして、その中で、本章での記述に、また違った光が当てられることになろう。

註

(1) 市川宏伸「広汎性発達障害概念」市川、前掲書、5頁。
(2) ここでいう「自己感」という語は、「自己と他者が未分化な状態から徐々に自己と他者が分離・個体化していく」という意味で用いている。
(3) 宇佐川浩『障害児の発達臨床とその課題——感覚と運動の高次化の視点から』学苑社、1998年、163-4頁。
(4) 発達障害の子どもは、環境内にある多くの音刺激の中でどの音に注目すればよいのかわからなくなったり、視覚刺激が入ると聴覚刺激が制限されて感覚の使い方が難しくなったりすることが少なくない。また、感覚が敏感すぎて周囲の刺激をうまく受け止めきれないとか、他者の意図することが理解できないとかいったことが原因で、環境に融け込めず、社会的な行動が獲得できないまま、消極的な気持ちになる場合がある。
(5) 小島律子は、「外界から聴取した音・音楽が自分の中に感情、イメージ、記憶、情動等を内なるものとして育み、表現の契機を与える」述べている。小島・澤田、前掲書、118-9頁。
(6) 宇佐川浩『障害児の発達臨床Ⅱ——感覚と運動の高次化による発達臨床の実際』、120頁。
(7) これは、アメリカの精神科医I. アルトシューラーが提唱した「同質の原理」を踏まえたものである。すなわち、精神疾患の患者の治療において最初に与える音楽は、対象者の気分とテンポに同質の音楽であるべきだ、という考えにもとづくものである。村井、前掲書、74頁を参照のこと。
(8) このようなピアノ連弾の体験の効果として、次の点が考えられる。すなわち、①二人が横に並ぶことで、圧迫感なく相手の動作をじかに感じ取ることができる　②子どもは自由に演奏することが許されている　③聴こえてくる音は、伴奏付の心地よい音楽である。これは一人で演奏するのに比べて格段によく聞こえる　④曲の終わりを感じとった子どもが、他者と終止を合わせようとする行為が容易にできる——この4点である。

第2章

第2章

自閉症児を対象とした音楽活動における音・音楽の機能

　本章では、第1章で分析した自閉症A児の行動の変容を、発達臨床的な視点からとらえ直す。とくに、音楽療法でいわれる「音楽の機能」が、A児の行動にどのように影響しているかを明らかにしたい。

1　発達臨床的視点

　「発達臨床」とは、保育や教育の場を臨床の場としてとらえ、子どもの行動をいわば診断し、発達や成長を支援しようする立場をいう。その要点として、宇佐川浩は「第一に、障害児が示す価値が認められず否定的な評価が付与する行動を肯定的に捉えながら発達的意味を探ること、第二に、発達の水準を理解すること、第三に、発達の個人内差と全体性を理解すること」[1]の3点を挙げている。最近の保育の現場では自閉症スペクトラム（幅広い連続体としての自閉性障害）の幼児が増加してきているといわれているだけに、こうした立場の重要性は高まっている。

　第1章でも述べたように、自閉症児への対応に保育者は少なからず苦慮しているのが現状である。その理由について宇佐川は、臨床発達心理

学の側面から次のような6つの点を挙げる。
　①障害児の療育の中でも自閉症児は、発達的な予測や見通しが立てられないこと
　②発達の波がみられやすいこと
　③わからなくてできないことと応じられなくてできないこととの区別がつかないこと
　④パターン化してできてしまうことと本質的な力がついてできることとの見分けがつきにくいこと
　⑤小さな誤学習が拡大しやすいこと
　⑥発語がコミュニケーションとして使われにくいこと[2]

　しかも、一般的に自閉症は発達初期には発見されにくく、そのことがさらに、そうした幼児への適切な対応をいっそう難しくしている。
　求められるのは、早期の的確な診断だ。そして、乳幼児期から音楽を活用することができる点でも音楽療法は有益である。すなわち、音楽がもつ様々な機能を利用して療育や治療を行うのが音楽療法だが、その「機能」という側面から子どもの発達を診断することもできる。音楽が子どもの行動にどのように機能しているのか——ここが注目すべき点である。とくに言語コミュニケーションが不得手な自閉症児に対しては、音楽の機能は発達診断の尺度として有効だともいえるだろう。
　本章は、以上のような観点からA児の行動をとらえ直そうとするものである。ところで、宇佐川浩は発達臨床における音楽の機能として、臨床的機能、対人関係的機能、能力支援的機能の3つを挙げている[3]。本章でも、A児の行動をこの3つの機能に照らし合わせて分析し、考察することにしたい。

2　分析の方法

　次に、その具体的な方法について確認しておこう。それは次のような

ものとなる──①第1章でA児の行動とその変容を8ステージに分類し、記述したが、本章でもそのエピソードを用いる　②音楽の機能を宇佐川の分類に従い、(A) 臨床的機能　(B) 対人関係的機能　(C) 能力支援的機能、の3つの機能に分け、さらに計13の下位区分を設ける（表2-1)　③これに従ってA児の行動を分類し、註釈を加える。④そのうえで、各ステージにおける「機能」の出現回数を集計し、その結果を分析・考察する──以上である。

なお、それぞれの機能の内訳は次のとおりである。

(A) 臨床的機能：人の感覚や情動に働きかけ、内的な変容をもたらす治療的な機能（5項目）
(B) 対人関係的機能：他者との対人関係をつくり出す心理療法的な機能（4項目）
(C) 能力支援的機能：人が生きていく上で必要な能力を促進する機能（4項目）

表2-1　音楽療法における音楽の機能

(A) 臨床的機能	(B) 対人関係的機能	(C) 能力支援的機能
①音・音楽は情動に働きかけ、安定をもたらす	①外界に合わせることで、自己調節を促す	①楽器操作により手先の機能を育てる
②構造があるため予測しやすく、気持ちが安定する	②音楽を媒介としたやり取りに発展する	②リズムやテンポに合わせて調節的な動きを促す
③振動を伴い、触覚・聴覚・視覚に働く	③三項関係を作る	③身体運動の協応性を育てる
④動的・静的に使用できる	④役割取得行動・社会性を育てる	④模倣の能力を育てる
⑤発達初期から境界線児まで目標が設定できる		

3 結果と考察

では、以上の方法にもとづき、A児の音楽行動を分類、分析し、最後に考察を加えることにしたい。

(1) 8ステージにおける音楽の機能の分類

まず、A児の音楽行動をステージ別に上記の項目に従って時系列で分類し、註釈をつけていこう（以下の表で、主語がとくに示されていない場合は、すべてA児の行動を指す）。

表2－2　第1ステージ：信頼関係の構築（2009年5月28日、6月3日）

行動・様子	音楽の機能
1. A児は筆者の手をつかみ、クレーンにして「一緒に弾きたい」という合図を出したので、手を合わせてカリンバを鳴らす。	A－①
2. A児は長く響く音を好み、カリンバの音色を探究することに10分近く集中する。	
3. A児はカリンバの弦をはじくと指に振動が伝わり、弾き方によって音の強弱・長短等が調節できることに気づく。	A－③

第1ステージにおけるA児の行動には、臨床的機能の項目A－①とA－③が見られるのみだった。しかし、ここではまず、個別支援を行う音楽コーナーの環境をA児が受け入れて、楽しみを見出すことをねらいとしていた。と同時に、楽器の視覚的、聴覚的、触覚的、運動的な側面を自分の中で統合しながら、音をコントロールする体験をA児に積ませたかった。そして、そのねらいはうまくいったようである。

いくつかの楽器を提示したところ、A児はカスタネットなど保育の中で多く使用される楽器よりも、アフリカの民族楽器であるカリンバを

操作することに集中した。カリンバの音色、キーが振動する触覚刺激、視覚刺激がA児の情動に働きかけたようである。

ところで、音楽療法では、楽器が治療に使われることが多い。ブルーシアは楽器を用いる目的として、感覚的な楽しみをもたらせること、無意識の内容を象徴的に投影すること、感覚運動的な反応を刺激しつなぎ合わせること、などを挙げている。[4] A児の場合には、楽器は感覚的な楽しみとともに、感覚運動的反応をもたらしているものと考えられる。

表2−3　第2ステージ：楽器操作による様々な音への反応を促す
（6月17日・23日）

行動・様子	音楽の機能
1. 筆者が音積み木を演奏しながら〈数字の歌〉を歌うと、A児が聴いている様子が見られた。	A−①
2. A児の好きなカリンバを出すと、演奏方法を変化させて様々な音色が出ることを楽しむ。	A−①
3. カリンバを強くはじく、そっと弱くはじいてみるなど、演奏方法を変化させながら長い響きの音を出すことに集中する。	A−③
4. トライアングルやウッドブロックなどの打楽器に手を伸ばし、あれこれ音の出し方を試して遊ぶ。	A−③
5. A児に〈数字の歌〉を聴く様子が見られ、歌に合わせるかのように自分で書いた数字を順番に見つけて、指で示す。	B−①
6. A児の好きなカリンバを出すと、カリンバを強くはじいたり、速くトレモロのようにはじいたりするなど、演奏方法を変化させて様々な音色が出ることを楽しみ、集中する。	C−①

第2ステージでは、前のステージには見られなかった対人関係的機能であるB−①、および、能力支援的機能であるC−①の項目が加わっている。4や5のような行動は、外界に対して自分を合わせようとする

兆しと解されよう。とりわけ、5はそのようである。

　歌を苦手とするＡ児だったが、自分が興味をもって書いた数字に関連する歌であり、歌詞の前半が「すうじの1は、なーに？」とやさしく問いかけるように聞こえることが、数字を指さす行動につながったのではないだろうか。この付点のリズムの繰り返しと、明るい雰囲気のメロディには、何かを指示するような感じはなく、親しく語りかけるようにＡ児に響いたことだろう。ともあれ、歌という外界に合わせてＡ児が他者に協調する行動があらわれた、最初の場面である。

表２−４　第３ステージ：楽器を媒介として人とのかかわりをもつ
(7月1・8・15日)

行動・様子	音楽の機能
1.〈今日も雨降り〉の歌声が聞こえてくると、Ａ児は音積み木を抱えて声の方へ移動し、歌に合わせて静かに演奏する。	A−①
2. 他児が歌う〈たなばた〉のゆっくりしたテンポに合わせてリズミカルに演奏する。	
3. Ａ児の操作するカリンバの音に似た感じの即興的な歌を筆者がつけると、音と歌の同期に気づき、筆者と視線を合わせる回数が増える。	A−③
4. Ａ児のピアノの単音に筆者がオスティナートの伴奏をつけると喜び、自分の足を筆者の足にからませつつも、演奏に集中する。終止に向かって筆者が徐々にテンポを落とすと、Ａ児は音楽が終了することに気づき、合わせて弾くことを止める。	B−①
5. Ａ児の操作するカリンバの音に、似た感じの即興的な歌をつけると、音と歌の同期に気づき、筆者と視線を合わせる回数が増える。	B−②
6. Ａ児は即興のピアノ曲が終了することに気づき、合わせて弾くことを止める。	

| 7. クラスの子どもたちが歌う〈今日も雨降り〉が聞こえてくると、A児は音積み木を抱えて皆のいる所に移動する。そして、歌に合わせて3音の音積み木で静かに演奏し、笑顔を見せる。〈たなばた〉を歌うと、曲のテンポに合わせてリズミカルに音積み木を演奏し、満足そうな顔をする。 | C−② |

　第3ステージでは、新たにB−②、C−②の機能が加わった。3のように、個別のかかわりの中で、A児が筆者と視線を合わせることが多くなってきたのである。このことは、A児が自分を模倣する他者を意識し、自分からコミュニケーションをとろうとしていることのあらわれだといえよう。

　また、7のように、すでに経験済みの楽器演奏を、A児はクラス活動にも自分から参加し、行っている。これは、音で表現することへの自信と集団への帰属意識がA児に芽生えつつあることのあらわれだろう。また、ピアノ連弾でも筆者と終止を合わせる等、音楽的な表現ができるようになってきた。言葉でのやり取りに困難を感じるA児だが、このステージで、音楽で表現することが他者とのコミュニケーションにつながり始めたようだ。

表2−5　第4ステージ：他者との同期と歌唱の模倣
（9月2日，9日，16日，10月14日）

行動・様子	音楽の機能
1. 靴箱に来るまでに時間がかかるA児の横で筆者は〈バスバスはしる〉を歌うことにした。A児の足が止まると歌もストップし、歩き出すとまた続きを歌うというように、行動に歌を合わせる。すると、そのうちA児は自分の行動と歌が同期していることに気づいた。この同期を楽しむうちに、すぐに靴箱に到着できた。	A−①

行動・様子	音楽の機能
2. A児は、「ポニョポニョポニョうるさい子」と歌詞の「魚の」を「うるさい」という言葉に替えて繰り返し歌っては笑う。前半のメロディが1オクターブ下降するのに対して、後半は1オクターブ上昇するメロディをA児はきちんと覚えており、難なく歌う。	A－②
3. ウッドブロックをA児の耳の側で小さく鳴らすと、顔を楽器に近づけ、音を聴きながらお絵かきを続ける。首を楽器に密着させて、音の響きを味わう。	
4. 男児2名が、「いーあーうーあ」と手を口に当てて歩き回る様子を見ていたA児は、他児と同じように手を口に当てて声を発しながら彼らの後について部屋の中をグルグルと歩き回った。	A－③
5. ペーパーの芯を口に当てて「エー、エー」と面白い声を発する男児を見ていたA児も、手を丸くして声を発しながら男児に近づき、歩き回った。	
6. A児の行動に筆者が歌を合わせると、A児は自分の行動と歌が同期していることに気づいた。この同期を楽しむうちに、すぐに靴箱に到着できた。	A－⑤
7.〈バスバスはしる〉に合わせて、足を速めたり止まったりする。	
8. 男児の声を発しながら歩く行動を真似る。	B－①
9. 他児の歌を真似て、同じメロディの○に食べ物の名前を入れ、替え歌にして歌う。	
10.〈崖の上のポニョ〉の替え歌を歌う。	
11.〈バスバスはしる〉に合わせて、足を速めたり止めたりする。	
12.〈崖の上のポニョ〉の替え歌を歌って、他児と笑う。	
13. 男児の声に合わせて、歩いたり止まったりする。	
14. 男児の声を模倣して、声の掛け合いになる。	B－②
15. お弁当の替え歌をつくって歌い、他児の笑いをとる。	
16. カリンバの音を聴いて、質問に答える。	
17.〈崖の上のポニョ〉の歌をめぐって、筆者と言葉のやり取りをする。	

第2章　自閉症児を対象とした音楽活動における音・音楽の機能　　95

行動・様子	音楽の機能
18. ウッドブロックの音を聴いて、筆者とやり取りをする。	B－③
19. 替え歌で、他児と言葉のやり取りする。	B－③
20. 運動会の練習で他児と同じように動く。	B－④
21. 他児の声のテンポに合わせて、歩いたり止まったりする。	C－②
22. 他児の高い声を模倣して、同じ音程の声を出す。	C－②
23. 他児の声に合わせて、歩いたり止まったりする。	C－③
24. 他児の声を模倣する。	C－④
25. 他児の動きを模倣する。	C－④
26. 園庭でクラス活動を行う他児の動きを模倣する。	C－④
27. 他児の歌を模倣する。	C－④
28. 他児の歌を替え歌にして模倣する。	C－④
29. 音積み木のテンポに合わせて演奏する。	C－④

　第4ステージは4日間ということもあり、多くの音楽の機能があらわれている。新たに加わったのは、A－②、A－⑤、B－③、B－④、C－③、C－④である。

　2でA児が替え歌にした部分のメロディは注目に値する。すなわち、歌詞の「ポーニョ、ポニョ、ポニョ」の部分では1オクターブの音程をアルペジオで下降していくのに対し、続く「さかなのこ」の部分では逆に音程が1オクターブ上昇し、明るい感じを与えている。メロディとしては大きな跳躍がみられるが、その上下行が短い間に行われていることや、調子のよいシンコペーションのリズムが用いられていることなどが、この部分を特徴のあるものとし、子どもにも覚えやすいものとしているのだろう。この替え歌の行動にA－②の機能をここに認める所以である。

6での「A児の行動に歌を合わせる」という筆者の働きかけは、歌とA児の行動が同期するという過去の体験を踏まえて、「問題行動の軽減」という目標の中で利用したものである。自分が好む〈バスバスはしる〉を聴きたいという欲求が、A児を靴箱までまっすぐに歩かせることにつながった。歌を行動を促す強化因子として用いた例であり、A−⑤の機能をそこに認めることができる。

　18と19の行動も見逃せない。というのも、ここには、A児の認識が「自分−モノ」という二項関係から、「自分−モノ（楽器）−他者」「自分−歌−他者」という三項関係へと移行する兆しがあらわれており、それに音楽が深く関わっている（すなわち、B−③の働きがあった）と考えられるからである。まず、18だが、そこでは広義の「共同注意（joint attention）」が見られる。この「共同注意」とは、視線や指さしを手段として他者との注意を共有することとを意味し、コミュニケーションの発達の基礎となるものなのだが、これが自閉症児には難しいのである。筆者の「（ウッドブロックから出る２通りの音のうち）どちらが好き？」という問いに対してA児が指さしで答えたことが、まさにこの共同注意に相当する。また、19でも、他児に人気を博した替え歌を繰り返してみせたことには、紛れもなく他者を意識している証拠である。

　20の行動では、A児は、音楽の中で自分のとるべき行動をきちんととっている。すなわち、ここではB−④の、言い換えれば、音楽の「人の行動を統制する力」がA児に作用してきたといえる。

　23の行動は、C−③に自然につながるものである。なお、このとき、他児の発する声は、一定の拍を刻むものであり、かつ、高音であることが、A児の興味を惹いたのだろう。また、「一定の拍」は、数名の男児の行動を統制することにもつながったと考えられる。そのようなリズムを伴った言葉や歌、身体動作は、A児にとって模倣しやすく、それが24〜29の行動を生んだ一因であろう。そして、その体験が、他のものを模倣する能力を育てる（つまり、C−④）ことにもつながる。

第2章　自閉症児を対象とした音楽活動における音・音楽の機能　　97

　結局、このステージでは、最初に挙げた「音楽の機能」の13の下位項目中、実に11項目が見られた。それはつまり、ここに至って、音楽を介してA児の行動が積極的になり、「模倣」も含めて他者を意識した行動へと変容してきた、ということに他ならない。

表2－6　第5ステージ：他者とのかかわりから共同注意への発展（10月21日）

行動・様子	音楽の機能
1. 筆者の首に下げていた4つの野菜の絵にA児が気づき、近づいてきた。絵を1つずつ指さしながら、「きゅうりがキュキュキュ、トマトがトントン・・」と筆者が〈やさいの音楽会〉歌ったところ、「もう1回」とA児がはっきりとした口調でリクエストをした。そこで再度歌うと、絵を見ながらじっと聴いている。	A－①
2. 2小節ずつ同じリズムを繰り返し、8小節と短い曲である〈やさいの音楽会〉をA児は好む。	A－②
3. 他児に誘われたA児は、一緒に床に座り、他児の「フーフー」という掛け声に合わせて両足で後ずさりをする遊びを楽しむ。	A－③
4. 泥を速く混ぜた時の「シャリシャリ」という大きな音と、ゆっくり混ぜる時の「シャーリ、シャーリ」という静かな音を筆者が声で表現し分けるさまに、A児は耳を傾ける。	
5. 筆者の言葉に合わせてドラムを叩く。	B－①
6. 歌の擬音の部分だけをドラムで演奏する。	
7. 歌のリクエストを何度も筆者に行い、歌を聴く。	B－②
8. 他児の声に合わせて体を動かす。	
9. 歌の休符のところに楽器演奏で音を加える。	
10. 擬音の部分を楽器演奏する。	
11. スコップの音と声を合わせる。	

行動・様子	音楽の機能
12. 他児の声に合わせて体を動かす。	B－③
13. 自分の番が終わると他児にバチを渡す。	
14. 歌のリクエストで声を出し、目を合わせる。	
15. パドルドラムをバチで叩く際に、バチの持ち方を変えてみる。	C－①
16. 他児の声のテンポに合わせて動く。	C－②
17. 歌のリズムに合わせて演奏する。	
18. 他児の声に合った動作をする。	
19. 他児の声に合わせて体を動かす。	C－③
20. 歌のリズムに合わせて休符の部分を打つ。	
21. 歌のリズムに合わせて擬音の部分を打つ。	
22. 他児の声に合わせて手を動かす。	
23. 他児の楽器演奏を見て模倣する。	C－④

　第5ステージでは新たな音楽の機能は出現していない。しかし、以前よりも各々の機能は強まりを見せ、新たな結果をもたらしている。例えば、1では〈やさいの音楽会〉がＡ児の情動に働きかけているが、「もっと聴きたい」という欲求を伝える手段として、Ａ児はこれまでのような指さしによる催促ではなく、言葉でそれを訴えるようになった。すなわち、コミュニケーション能力が上がったのである。また、歌を何度も聴く間にＡ児は歌のリズムと構造を理解し、5、6の行動のように、パドルドラムでの交互奏ができるまでになっている。Ａ児にとっては、野菜の絵や文字による歌詞といった視覚情報が〈やさいの音楽会〉への導入の補助となり、歌の内容が把握しやすかったのだと考えられる。

　なお、〈やさいの音楽会〉は、野菜の名前と擬音だけで歌詞ができており、単純なリズムを繰り返すものであるため、その意味でもＡ児は曲のあり方をつかみやすかったことだろう。これまで何らかの理由で歌に対して抵抗を示していたＡ児であったが、これまでの積み重ねと、

さらには、おそらくこうした曲のあり方のためもあって、次第にその気持ちから解放され、歌を受容できるようになってきたのであろう。

19〜22のように、音楽や他児の声のテンポに合わせてA児が身体表現をつける場面も増えてきた。また、他者が注目している音楽や人の声――つまり、外界の物事――にA児も関心を寄せて、それに自分を合わせようとする姿勢も見られるようになってきた。こうした経験を積むことは、他者と話すときのテンポや呼吸を感じるうえで、A児にとって大切な体験となったのだろう。

表2－7 第6ステージ：応答的な歌遊び（10月28日、11月4日）

行動・様子	音楽の機能
1.〈外に出て遊ぼう〉という歌で筆者はA児の朝の準備をサポートする。歌が「3番は水筒」「4番は制服」「5番目は‥」と続くと、歌詞に合わせてA児はスキップで目的場所に向かうことができた。	A－①
2. 歌の擬音に合わせて、A児はバチでパドルドラムを3回打つ。この活動を3回続けた後に、A児に笑顔がみられた。	
3.〈外に出て遊ぼう〉に合わせて朝の用意をする。	B－①
4.〈やさいの音楽会〉の擬音の部分をドラムで叩こうとする。	
5. 歌の擬音の部分に様々な声「プ、パ」をつける。	
6. 歌の休符に合わせてジャンプする。	
7. パドルドラムを筆者と3回ずつ叩き合う。	B－②
8. 歌の合間に声をつけて、歌うような感じを出す。	
9. 歌の休符部分を感じて、身体で表現する。	
10. 歌のテンポに合わせて表現する。	C－②
11. 即興のリズムに楽器で合わせようとする。	
12. 他者の楽器による即興のリズムを真似て叩く。	C－④

第6ステージでも新たな音楽の機能はあらわれなかったが、ここでのA児の行動は概ね（B）の「対人関係的な機能」に関する項目に集中している。

4～10の行動に登場する〈やさいの音楽会〉は、モチーフがはっきりしており、擬音の繰り返しを3回含むなど、わかりやすい曲なので、A児でも容易にいろいろなかたちで演奏できたのだろう。このようにA児は、自分が知っている曲のリズムに合わせて楽器で自己表現ができるようになると、即興のリズムを模倣することも可能になった。さらに、5と6の行動に見られるように、音による他者とのやり取りもスムーズになってきた。

　ともあれ、このステージでは、他児の即興のリズムの模倣を行うなど、A児の表現はさらに音楽的になり、他者とのコミュニケーションもいっそう円滑になった。

表2-8　第7ステージ：身体表現活動（11月11日）

行動・様子	音楽の機能
1.〈やさいの音楽会〉を歌うと、以前のような音のやり取りはみられず、A児は自由にドラムを叩いていたが、終止を一緒に合わせられた。	A-②
2. 自分がスキップをするたびに、台のきしむ音と鈴が鳴ることにA児は気づく。	A-③
3. 自由にドラムを叩いていたが、曲の終止を合わせる。	B-①
4. 4拍子であらわした車の走る音を声で表現する。	B-②
5. A児のスキップと筆者の声を合わせる。	
6. A児は筆者の手拍子と声に合わせてスキップをする。	B-③
7. バチを使ってドラムやシンバルを叩く。	C-①
8. コンガを素手で演奏する。	
9. 終止では、少しずつテンポを遅くしても合わせることができる。	C-②
10. 手拍子と声が聴こえなくなると、スキップを止める。	
11. スキップの1拍目を基軸にして、軽やかなスキップを踏む。	C-③

12. 他者のリズムを真似て声で表現する。	
13. 年長児のコンガの叩き方やリズムを真似ようとする。	C − ④
14. シンバルをバチで叩く他児の真似をする。	

　第7ステージでは、(A)(B)(C) 3つの機能が満遍なくあらわれている。今や、潜在していたA児の音楽性が、楽器演奏や身体表現を通して出現するようになってきたことがわかる。13の行動のような他児の行動を見て「模倣」することを中心に、楽器で自由にリズムをとったり、身体表現を行ったりするなど、様々な方法で音や音楽を楽しむ様子が見られ、A児の中で音楽を通した表現方法が増加してきたといえる。このように表現手段を多くもつことは、他者との関係を築くうえでA児には有益なことだろう。

　このステージでは、A児のスキップに合わせて筆者が歌と手拍子をつけていたが、それを止めるとA児も動きを止めて、筆者と視線を合わせている。このようなリズムにのった表現の中で、意識的に他者に合わせる表現を体験することは、A児にとって音楽的感性による行動のコントロール、および社会性が発達してきたといえるだろう。

表2−9　第8ステージ：小集団からクラス活動への参加（12月2日）

行動・様子	音楽の機能
1. コップが落ちたのを見て、わらべ歌〈おちたおちた〉を筆者が歌うと、じっと聴いた後に、延滞模倣（過去に観察したことを真似る）をして歌う。	A − ①
2. 〈やさいの音楽会〉の歌を聴くと、足で拍子をとる。	
3. 〈やさいの音楽会〉の歌のどの部分に楽器演奏を入れるかを知っているため、じっと待ったうえで演奏ができる。	A − ②

行動・様子	音楽の機能
4. スプリングドラムの振動する音にじっと聴き入る。	A－③ B－④
5. スプリングドラムの震えるバネの部分に触って、音を止める。	
6. 4人で1つの楽器を回して演奏できる。	
7. 興味のある楽器が出ても、椅子に座って待つことができる。	
8. 興味のある楽器を操作した後、次の人に回すことができる。	
9. 歌のテンポとリズムに合わせた演奏をする。	C－②
10.〈10人のインディアン〉に合わせて椅子にタイミングよく座る。	
11. 歌に合わせて足で拍子をとる。	
12. 歌の拍子を感じて足を動かす。	C－③
13. 新しい歌の覚えやすい歌詞の部分を延滞模倣する。	C－④
14. 他児の新しい楽器の音の聴き方を見ておいて、同じように穴に耳を当てて聴こうとする。	

　第8ステージは、クラスの音楽活動という集団の場におけるものだっただけに、B－④の機能がどうあらわれるかが注目された。そして、まさに期待通り、これまでのステージの中で一番多く、その場面を目にすることができた。

　例えば、初めて見る楽器スプリングドラムの音を一人ずつ聴く活動がそうだ。振動や雷のような音色が面白く、視覚的にも興味をひく形状であるためか、A児は自分の番が回ってくる順番をきちんと待っていた。すでに個別で十分に演奏体験をもっていた〈やさいの音楽会〉による楽器演奏も同様である。「リズムの繰り返しの中で野菜が4種類登場する」という曲の形式がわかっていたこともあり、大人数であってもA児は

自分の順番を待って演奏できたのである。

　また、14のような行動がここでも見られたことは、注目するべきところに視線を合わせることが集団においても可能になったことのあらわれである。ともあれ、集団においても音楽の様々な機能がＡ児の行動に影響を及ぼしたことは確かだろう。

(2) 実践結果の分析と考察

　さて、以上、8つのステージにおけるＡ児の行動を「発達臨床の視点における音楽の機能」という観点から分類し、註釈を加えてきた。そこで最後に、その結果を分析・考察することにしよう。

　下記の表2－10は、第1ステージから第8ステージにおけるＡ児の行動（つまり、表2－2から2－9で列挙したもの）を音楽の機能ごとに分類・集計したものである。各項目での合計が平均値以上の数値については、太字で示した。

表2－10　各ステージにおける音楽の機能の出現回数

単位：回

		1ステージ	2ステージ	3ステージ	4ステージ	5ステージ	6ステージ	7ステージ	8ステージ	合計
A臨床的機能	A－①音・音楽は情動に働きかけ、安定をもたらす	2	2		1	1	2		2	10
	A－②構造があるため予測しやすく、気持ちが安定する			2	1	1		1	1	6
	A－③振動を伴い、触覚・聴覚・視覚に働く	1	2	1	3	2		1	2	12
	A－④動的・静的に使用できる									0
	A－⑤発達初期から境界線児まで目標が設定できる				1					1

		1ステージ	2ステージ	3ステージ	4ステージ	5ステージ	6ステージ	7ステージ	8ステージ	合計
B対人関係的機能	B-①外界に合わせることで、自己調節を促す		1	1	4	2	4	1		13
	B-②音楽を媒介としたやり取りに発展する			2	7	5	3	2		19
	B-③三項関係を作る	3			2	3		1		9
	B-④役割取得行動・社会性を育てる					1			3	4
C能力支援的機能	C-①楽器操作により手先の機能を育てる		1			1		2		4
	C-②リズムやテンポに合わせて調節的な動きを促す		1	1	2	3	2	2	3	14
	C-③身体運動の協応性を育てる				1	5		1	1	8
	C-④模倣の能力を育てる				6	1	1	3	2	13
合計		6	7	7	29	24	12	14	14	113

　まず、機能の出現回数に関しては、B-②が最も多い。これは他者とのコミュニケーションに関わる項目である。そして、それに次ぐのがC-②、B-①、C-④だ。これもまた、他者とのコミュニケーションにおいて必要かつ重要な能力である。こうした能力に関する項目が多く出現したということは、つまり、このＡ児の場合には、音や音楽による活動がコミュニケーションの手段となり、自分の行動をコントロールする力になっていたといっても間違いなかろう。ただし、それはあくまでも段階的に獲得されていった能力であって、そのことは数値の推移をみれば明らかである。

　項目の出現回数を３つの大きなカテゴリーについてみると、最初は（A）の機能が目立ったが、やがてそれが、（B）に代わり、最後は（C）が優勢となったことがわかる。とくに、個別支援の初期にあたる第１ス

テージから第3ステージにおいては、(A) と (B) の項目に集中している。すなわち、この時期は、A児が他者とのかかわりの中で信頼関係を築きつつあった時期であると同時に、楽器や歌などの音楽によるかかわりを受容しつつあった時期だといえる（だから、(C) が少ない）。

　これが、A児が他児の歌に興味をもち、模倣や応答的な歌遊び等を行った第4ステージや第5ステージともなると、出現した機能は (B) と (C) の項目が優勢になってくる。ここでは、様々な活動の中で自閉症の課題でもある対人相互反応に対するこだわりが軽減されはじめ、声や音、歌での相互伝達へと発展したのだといえる。替え歌つくりなどの、自主的に模倣を応用する行動も、その流れの中で出てきたものだろう。

　運動会後の第6、第7ステージでは、機能 (A) の項目が減少し、他者とやり取りしたり、他者を模倣したりするなど、機能 (B) と (C) の項目に該当する行動が、より多くあらわれている。これは、音楽が感覚器官に働きかけることでA児の心が動くという機能 (A) が十分に果たされたために、身体全体を調節した表現を自主的に行えるようになったのだといえる。

　A児がクラスの音楽活動に参加した第8ステージでは、これまで経験したことがあり活動の見通しが立つ内容については「待つ」ことが可能であった。これは、音楽のもつ役割収得行動、社会性の促進といった機能が、A児にとって予測できる範囲である場合には、集団の中でも作用することを表している。また、集団の中で表現することができた要因として、音楽のリズムやテンポがA児に高揚感をもたらし、身体で合わせる楽しさを感じられるようになってきたのではないかと考えられる。

　というわけで、A児の音楽行動において、機能の現れ方が推移していく過程は、次のようにまとめることができる。

(1) 音楽が諸感覚を通して情動に働きかける段階
(2) 音楽を介したやり取りや他者の歌に同期するなど、自己調節の機

能が働く段階
(3) 身体運動の協応性の萌芽が見られるなど、他児の行動に関心をもち模倣する能力などが育成される段階

そして、この過程の中でA児はコミュニケーションをはじめとして、種々の能力を発展させていったのであり、その際、音楽の機能が様々な役割を果たしたことを、実践の記録とその分析結果は物語っている。

本章ではA児の音楽行動に見られる大きな変容について、ステージごとに、音楽がもつ（A）臨床的機能　（B）対人関係的機能　（C）能力支援的機能、という3つの面から考察してきた。その結果、これらの機能がA児の行動と心の両面にもたらした変化のあり方とその傾向を明らかにすることができた。もちろん、こうした「音楽の機能」については、さらに多くの事例に当たって、より精査する必要はある。だが、少なくとも、「機能」という考え方を踏まえることが、具体的な保育なり支援なりの計画を立案し、実践するうえで極めて重要なものであることは示せたのではないだろうか。

註

(1) 宇佐川浩『障害児の発達臨床Ⅰ──感覚と運動の高次化からみた子供理解』学苑社、2007年、29-40頁。
(2) 宇佐川浩『障害児の発達臨床Ⅱ──感覚と運動の高次化による発達臨床の実際』学苑社、2007年、45頁。
(3) 同上、117頁。
(4) ケネス・E・ブルーシア（林庸二・監訳）『即興音楽療法の諸理論（上）』人間と歴史社、117頁。

第3章

第3章

乳幼児音楽行動の発達プロセススケールの作成と音楽行動の分析

　前章では、A児の音楽行動の変容に諸々の音楽の機能がどう作用しているかを確認した。本章では、そうした変容を音楽的発達という観点から評価することにしたい。そのため、まず、評価の指標として、「乳幼児音楽行動の発達プロセススケール」を筆者独自に作成し　それに従ってA児の音楽行動の変容を評価する。

　この評価の精度を高め、かつ、このプロセススケールを今後の一般的な使用に耐えうるものとするために、本章ではさらに、別の2人の自閉症幼児の事例も検討する。そのうえで、A児を含む3名の評価を比較し、共通点や相違点を明らかにすることによって、このプロセススケールの妥当性を検討することにしたい。

1　プロセススケールの意義

　まず、こうしたプロセススケールを作成することの意義を確認しておこう。
　一般に乳幼児の発達には不均衡な面がみられるが、障害のある子ども

の場合、この傾向がより顕著である。これが発達におけるつまずきとなってあらわれる。それゆえ、障害児の保育においては、指導の方針や方法を明らかにするうえで、行動の不均衡さやつまずきを含め、対象児の発達のプロセス全般を正確におさえることが欠かせない。音楽によって発達支援を行う場合も、同様である。

　ところが、そうした子どもの音楽行動の変化・発達と対人関係の発達をトータルに評価する標準化された指標は、現在のところ見当たらない。[1]そこで、その指標を作成することは、いわば急務とでもいえよう。そのことで、子どもの発達状況を音楽の側面から把握し、保育者が次の段階への支援の手立てを明らかにすることができるはずである。

2　「乳幼児音楽行動の発達プロセススケール」の実際

　まず、そのプロセススケールについて具体的に紹介する。

(1) 発達段階の区分

　プロセススケールの縦軸をなすのは、「発達段階」である。その区分として依拠したのは、心理学者のジャン・ピアジェ（Jean Piaget）の理論である。[2]ピアジェの区分は実験的見地からなされたものではなく、普段の行動を臨床的見地から細かく観察したうえで、すべての子どもが必ず通過する発達段階を、事細かく区分されたものだからである。

　ピアジェは子どもの思考発達段階を年齢に応じて、次のように分ける。すなわち、「感覚運動期」（0～2歳）、「前操作期」（2～7歳）、「具体的操作期」（7～12歳）、「形式的操作期」（12歳～）の4つである。しかし、乳幼児を対象とするこのプロセススケールで取りあげるのは、最初の2つのみである。また、ピアジェはその感覚運動期を6段階に、前操作期を4段階に細かく分類している（詳細は、後出の表3-1を参照のこと）。つまり、計10の区分が、このプロセススケールの縦軸に並ぶこ

第3章　乳幼児音楽行動の発達プロセススケールの作成と音楽行動の分析　　113

ととなる（表の下にいくほど、段階が進んだことを意味する）。

(2) 音楽行動の項目

　一方、横軸をなすのは、「音楽行動」である。その選択にあたって参考にしたのは、ドロシー・T・マクドナルド（Dorothy T. McDonald）他の研究である[3]。そこでは、「聴く」「歌う」「動く」「演奏する」「音楽的概念を発達させる」「音楽を創り、評価する」といった項目が挙げられているが、後の2つについては障害のある子どもの行動としては考えにくいため、ここでは除外した。また、「演奏する」の項目は演奏だけではなく、楽器を道具的にも扱うという幅広い概念でとらえ、「操作」とした。そしてさらに、自閉症児の課題でもある他者との関係性をみるために「人との共同性」の項目を加えたので、横軸には計5項目が並ぶことになる。

(3)「乳幼児音楽行動の発達プロセススケール」

　具体的なプロセススケールは、表3－1である。縦軸と横軸を掛け合わせた項目を記すにあたっては、いくつかの文献を参照し、かつ、引用した。その出典についてはアラビア数字で示し（例：［4：29］――別表中の文献4の29頁）、別表にその詳細を記した（一部は保育者への聞き取り調査にもとづく。これについては、表中にその旨を記した）。なお、「試行版」と付記したのは、現在のところ、まだ完成の途上にあるからに他ならない。

表3－1　乳幼児音楽行動の発達プロセススケール試行版

ピアジェの発達段階		項　目	聴く	動く
感覚運動期	第1段階 0～2カ月 反射期	生得な反射活動が見られる。 手に触れたものを握る習慣がある。	急な強い音に反応する [8: 45]。 音よりも人の話し声に反応する。人の声に反応し、動作を止めることがある [3: 29]。	音の刺激に目をパチパチさせたり全身を震わせたりするなど反射的な運動をする [3: 29]。
	第2段階 2～4カ月 第一次循環反応	自分の行動に対して興味を惹く結果が得られると、結果を求めて試行錯誤する。	様々な音や人の声に注意を向ける（聴覚と視覚の同期）。心地よい音と不快な音に反応する。声によって母親と他者を区別できる [5: 55]。	心地よい音を聴くと全身を動かすなどの反応が見られる。音のする方へ注意を向ける [5: 55]。
	第3段階 4～8カ月 第二次循環反応	新規なものに興味をもち、自分の持つシェマを駆使してかかわろうとする。	父母の声や人の声を聴き分ける。歌いかけると口元を見つめ、時に声を出して答える。動物の鳴き声をまねると喜ぶ。言葉のリズムや抑揚全体を感じとる [8: 45]。	お座りができるようになり、母親の歌声や音楽に合わせて身体を揺する [3: 30]。 リズムに合わせて反復的運動を行う [6: 85]。
	第4段階 8～12カ月 二次的シェマ間の協調	目的に向かって行動をおこす。モデルを観察し、模倣しようとする。	音・声に注意を向けるが、持続時間は短い。外のいろいろな音（乗り物・雨）に関心を示す [8: 17]。 保存を試みる [2: 106]。	音の強弱に対する反応がはっきりする。つかまり立ちをするようになるとリズミカルに前進を動かすようになる [3: 31]。
	第5段階 12～18カ月 二次循環手段の発見	自分のもつシェマでかかわっても同化しない場合には、手法を変える。	となりの部屋で物音がすると、不思議がって耳を傾けたり、合図して教える [8: 45] 音に積極的に興味をもち、音の刺激に喜怒哀楽を示す [4:3]。	音楽を聴くと手を叩く、足踏みする、膝曲げするなど、全身でリズミカルに表現する。動作は音楽に合わせるというより自分が行いやすく楽しめるリズムで反復する [3: 31-32]。

第3章　乳幼児音楽行動の発達プロセススケールの作成と音楽行動の分析

操作	歌う	人との共同性
音の出る対象物への注意、関心は見られない（保育者へのアンケートより）。	泣き声は規則的で、声の高さは1点ハくらいである（400～500Hz）[5: 54]。生後1カ月頃より泣き声は規則的なリズムから長短・強弱のついたリズムに変わる [3: 29]。 きげんのよいとき「オウー」「アー」とかいろいろな声を出す [8: 119]。	人の働きかけにほとんど無関心である。母親の話しかける言葉のリズムに同調して手足を微妙に動かしたり発声したりする [3: 29]。
音・声への注意、関心がおこり、音の出る玩具を持つことを好み、ガラガラを振ったり眺める [4:2-3]。	人の声に合わせるかのように偶発的に発声する。喃語で表現し始める。声帯を通る呼気の流れを少しずつ制御できる [3: 30]。	人の感覚レベルの働きかけに反応する。人からの働きかけに不快感、不安、緊張や喜びを表情で表す [5: 55]。
偶然に手に触れて音が出た経験から意識的に玩具をつかんで楽しむ。音の出る玩具を振ったり、叩いたりして音が出ることを楽しむ [8: 105]。	喃語や他者の声を聴いて部分的に抑揚を模倣する。「マンマ」「チャチャチャ」のように1音ずつ歯切れのよい発音を繰り返す [3: 30]。	人に関心をもち、「いないいないばあ」などの簡単なやり取りを楽しむ。他者のもつ物に関心がいき、物を媒介に人に興味をもつ。視覚的な刺激に聴覚的刺激が渾然一体となる [3: 30-31]。
バチを持たせると太鼓を叩く。吹いて鳴らす楽器（笛やラッパなど）の音を出す。 卓上ピアノを鳴らす [3: 31]。	言語の模倣を開始する。喃語を組み合わせて歌らしきものを歌う [8: 17]。	信頼できる人の近くに行き自分の行動を示す。 他児を見て声を出す行動や、働きかけに単純な応答的行動が生じる [1: 17]。
両手の協応性、指先の巧緻性が高まり、打楽器を中心に触れて試行錯誤を繰り返しながら自由に音を出す。 （筆者の観察より）	葉に抑揚やリズムがつき、リズミカルな言葉を繰り返して歌い出す兆しが見られる。鼻歌や歌の一節を気の向くままにうたったり、ハミングしたりする [3: 31]。 声をいろいろ発する遊びの中で響きを探究する [2: 55]。	大人を基点として行動する自分の表現を養育者が受け入れ同期してこたえてくれることで心地よさや気分の高揚を共有する [3: 31-32]。 保護者や保育者が片言の歌やリズムの反復を受け入れ、同期することによって、心地良さや気分の高揚を共有できる [3: 32]。

ピアジェの発達段階		項 目	聴く	動く
感覚運動期	第6段階 18〜24カ月 シェマの協調手段発見	行動をおこす前に、どのシェマを使ってかかわるかを想像して選択する。	音・声に積極的に反応する。視覚的な刺激と協応した音楽や声を聴く[4:3]。好きな音楽を繰り返し聴くようになる[3:32]。	音楽に対してリズミカルな手足の動き（歩く、走る、腕を振る、跳ぶ、はねる）ができる[3:31]。
前操作期	第7段階 2〜3歳 前概念段階 象徴機能 1期	物を見て、自分の知っている知識を適応させようとする。	音楽を集中して聴くようになり、言葉の抑揚やリズムを感じとる。音楽に対する好みができて、好きな音楽を繰り返して聞いて喜ぶ[7:12-13]。	音楽を聴いて両足で跳ぶ、腕を振るなど活発でリズミカルな動きをする[5:56]。
	第8段階 3〜4歳 前概念段階 象徴機能 2期	遊びの素材を使ってふり遊びをするなど、同化が始まる。	音楽に対する好みが明確になってくる[5:57]。	音楽を聴いて、歩く、走る、止まる等を行うことができるが、知覚と運動のズレが見られリズムに完全に一致した進退動作は難しい。動物の模倣や乗り物の模倣ができる。外界の音楽に合わせようという意図が見られる[3:34]。
	第9段階 4〜5歳 直感的段階 1期	対象物がなくても想像から創造することができる。	他者の演奏を注意深く聴く様子が見られる。音楽のテンポ、強弱を聴き分けることができる。[5:57] 歌詞の中にあるストーリーの理解ができるようになり、歌への好みが表される。強弱の比較やテンポの変化に気付く。メロディを聴き分ける[3:34]。	音楽の曲想に合わせて身体表現ができる。音楽のリズムに合わせて、スキップ、片足跳びの運動が巧みになる。リズムを自発的に工夫してそれを身体表現に取り入れて楽しむ[4:4]。
	第10段階 5〜6歳 直感的段階 2期	ルールのある遊びが展開できるくらい、社会性ができる。	リズムや音程を聴き分ける。強弱の比較やテンポの変化に早く気付く[5:57-58]。	曲の主題の特徴を捉えてふさわしい動きを作り出す[4:5]。音楽のリズム、強弱、速度を聴き分けて自発的に身体表現ができる。簡単なフォークダンスができる[6:84]。

第3章　乳幼児音楽行動の発達プロセススケールの作成と音楽行動の分析　　117

操作	歌う	人との共同性
音の鳴るものを真剣に見つめたり、いじったりする [5: 56]。	音程は不安定であるが、歌のリズミカルな部分や歌詞を覚えた箇所を一緒に歌おうとする。即興歌が出る [3: 32]。 コミュニケーション手段の言葉と自己表現活動としての歌を分離し始める。[8: 119]。	他児の遊びに関心をもって介入し相手の反応を見る。養育者の関心を得る行動に出る。養育者と動くことを楽しむ。集団の中で同じような行動をするが、お互いのかかわり合いはほとんどない [1: 17]。
音楽の拍を感じて、楽器の音と合わせようとする [4: 4]。	歌の一節を口ずさむ。一定の音を保つことができる。一人で即興的に歌を作って歌う。創作的な音楽表現がみられる [3: 32-33]。 自発的な歌に以前に学んだメロディのパターンが用いられる [2: 55]。	自己主張をしようとする。他児の行動に関心を示す。他児とお互いに影響し合う行動に出る。 集団の動静に関心を示す [1: 17]。
言葉や音楽のリズムに合わせて安定してリズム打ちができる。外界の音楽に合わせようという意図がみられる [3: 34] 音色への興味が増し楽器でいろいろな音を出して楽しむようになる [4:4]。	調子外れのことが多いが1曲全体を通して歌えるようになる。上昇音は低く下降音は高い音程になるなど音域が狭い。グループで歌うことを楽しむ [3: 33]。 歌詞、リズム、フレーズ、メロディの輪郭ができる [2: 55]。	意図を持って他児とかかわろうとする。拒否・賛同など様々な反応に遭遇する。大人に喜ばれるお手伝いなどをする。大人の働きかけがあれば、他児と遊べる [1: 17]。
リズム楽器で応答的な合奏ができる。リズム遊び（リズム楽器を叩きながら歩くなど）を楽しむようになる [5: 58]。	音域が広くなり声のコントロール能力が増し正確にうたうことのできる子どももでてくる。自分勝手な即興歌が見られなくなり、日常的によく耳にする音楽をつなぎ合わせて即興歌にしてうたう。 友だちと揃って歌うことに慣れる。 簡単な歌遊びを作り出して楽しむ [3: 34]。	他児と積極的にかかわる。 他児からの誘いを受けるなど、他児とうまく遊ぶ。 他児と一つの遊びをするが、長続きしない。 大人の援助でゲームなど組織的な集団生活ができる [1: 17]。
楽器の持ち方や打ち方への学習に関して楽しんでするようになる。簡単な旋律楽器での分担演奏や合奏ができるようになる [4: 5]。	よく耳にするメロディーをつなぎ合わせて自由な歌を作って楽しめる [3: 34]。 音程が安定し、ほとんどの歌を安定して歌う [2: 55] 声域が拡大し、音程、リズム共に正確に歌う。強弱やテンポなど音楽の要素に気をつけて歌える。歌を皆と一緒に合わせて歌うことを楽しむ [5: 57-58]。	他児と親しい友人関係をつくる。大人、他児、自己の関係づけができ自己表現をする [1: 17]。 他児をリードし思いやる。保育者がいなくても集団で遊べる。音楽活動の中で同調し合うことにより共通の体験とする意味が大きい [3: 35]。

表3−1別表：出典・参考文献一覧

1. 安藤忠、川原佐公（編）『特別支援保育に向けて――社会性を育む保育 その評価と支援の実際』建帛社、2008 年、17 頁。
2. ドロシー・T・マクドナルド、ジェーン・M・サイモンズ（神原雅之・他訳）『音楽的成長と発達――誕生から6歳まで』 溪水社、1999 年。
3. 浜田豊彦著、荒木紫乃（編）『表現――幼児と音楽』 文化書房博文社、1998 年、25-35 頁。
4. 大畑祥子『保育内容　音楽表現』（第 2 版）建帛社、2002 年、1-12 頁。
5. 大畑祥子『保育内容音楽表現の探求』相川書房、1997 年、51-62 頁。
6. ルードルフ・E・ラドシー、J・デーヴィッド・ボイル（徳丸吉彦・他訳）『音楽行動の心理学』音楽之友社、1985 年、85 頁。
7. 鈴木みゆき、藪中征代（編）『保育内容「表現」 乳幼児の音楽』樹村房、2004 年、12 頁。
8. 田中美郷『子どもの発達と音楽』（第 2 巻）同朋舎、1987 年、32-55 頁。
9. 津守真、稲毛敦子 『乳幼児精神発達診断法―― 0 才から 3 才まで』大日本図書株式会社、1961 年、119 頁。

3 プロセススケールによる評価

　次は、いよいよ、作成したプロセススケールによって、具体的な事例を評価する番である。対象となるのは、先立つ2つの章で取り上げたA児の音楽行動である。

(1) 8つのステージ別の評価

　A児の事例では、ステージを8つに区切っていたが、それをここでも踏襲し、ステージ別に評価を行っていくことにしたい。それは、次のような手順となる。すなわち、①A児の行動・様子を挙げる　②次いでプロセススケールと照合し、音楽行動の5項目について、段階を評価する　③最後にその結果について、註釈を加える——以上である。

◆ 第1ステージ：音楽環境を受け入れる
（5月28日・6月3日）

- 女児2名がウッドブロックを叩きながら、〈ずいずいずっころばし〉〈かえるの歌〉を歌うが、A児は女児に視線を向けずに、持参したハサミで粘土を切って遊ぶ。
- 筆者がカリンバを鳴らした後に、机の上に置くとA児は、すぐにカリンバを手に持ち、7つのキーを指先で次々にはじいて音を出す。A児は筆者の手をつかみ、クレーン・ハンドにして「一緒に」という合図を出したので、筆者の手の上にA児の手を乗せて、しばらく音を鳴らした。カリンバのリズムに合わせて〈チューリップ〉を歌ってみると、A児は一瞬、カリンバを鳴らすのを止める。

項目	聴く	動く	操作	歌う	共同性
段階	2	2	2	1	2

　最初のステージゆえに、どの項目も評価は高くはない。「聴く」については、段階3の「歌いかける人の口元を見つめ、音楽に注目する」様子が見られないことから「段階2」と評価した。また、音楽に身体で反応する様子がみられないことや、楽器操作も消極的だったことから、「動く」と「操作」についても「2」とした。そして、他者が持つ楽器にも関心を示さなかったので、「人との共同性」についても「2」である。とはいえ、本ステージでは、音楽コーナーの場をA児が受け入れ、筆者との信頼関係が芽生えたといえる。

◆ 第2ステージ：バチを使って楽器を操作する
　　　　（6月17日・23日）

- A児が鉛筆で数字を書いている。筆者が音積み木（C^1〜1オクターブ上のC^2）を演奏しながら〈数字の歌〉を静かに歌うと、A児は歌詞に合わせるかのように数字を1から順番に指さす。A児の指さしのテンポが速くなると、そのテンポに筆者の歌を合わせる。A児は、数字を指さす動作と歌が合ったことを認められると、笑顔になった。その後A児は、筆者が演奏していたバチを取り、音積み木を1音ずつ丁寧に叩く。

項目	聴く	動く	操作	歌う	共同性
段階	4	3	5	1	3

楽器カリンバのみに興味を示した第1ステージに比べ、楽器の「操作」をはじめ、「聴く」「動く」の項目の評価が上がった。筆者が横で楽器を鳴らして遊んでいることに気づいたA児は、トライアングルやウッドブロック、音積み木など様々な楽器に手を伸ばすなど、いろいろな面で行動が積極的になってきたこともこの評価につながっている。筆者がさりげなく歌った〈数字の歌〉が、自分が数字を指さす行動とテンポが合っていたことにA児は明らかに気づいていたようだ。「共同性」の評価が上がった所以である。

◆ 第3ステージ：歌に楽器で同期する
（7月1日・8日・15日）

- A児は、筆者の歌う〈こぶたぬきつねこ〉に合わせて、音積み木を自由なリズムで叩いていた。だが、クラス活動の〈今日も雨降り〉の歌声が聴こえてくると、音積み木をもって皆が集まっている場所に移動し、歌に合わせて楽しそうに演奏した。続けて〈たなばた〉に合わせて音積み木をゆっくり演奏し、満足げな表情をする。A児が楽器でクラス活動に参加できたことを、担任と筆者がほめる。
- A児の操作するカリンバの音に筆者が即興のメロディーをつけると、A児はカリンバを鳴らし続ける。カリンバの音が聴こえなくなると、筆者も歌を止めた。今度は反対に筆者が歌を中断すると、A児がカリンバを止めて筆者の目を見る。お互いが同期しあっていることに、A児が気づく。
- A児が弾くピアノの単音に、筆者がオスティナートの伴奏をつけると、自分の足を筆者の足にからませる。A児は曲の終止を合わせるなど、演奏に集中する。曲が終わると、再開して欲しいことをクレーン・ハンドであらわす。

・A児の手を黒鍵におくと、長い間、黒鍵を弾いて遊ぶ。

項目	聴く	動く	操作	歌う	共同性
段階	5	4	7	1	5

　ここでは、楽器の「操作」についての評価が第2ステージよりもさらに上がり、「7」にまで至った。このように高く評価したのは、上記の個別支援の場での体験をA児がそのままクラス活動に反映させることができたからである。また、楽曲の雰囲気に合わせて楽器を操作するというふうに、自分で行動を調節ができたからでもある。
　また、「共同性」の項目が、前ステージよりもさらに上がった。「カリンバが中断すると歌も止まる」という場面では、他者と視線を合わすというふうに、他者認知の芽生えが見られた。また、ピアノの即興的な連弾遊びでは、曲の終止を合わせるなど、他者との共同的な行動がとれ始めて数値が上がったといえる。

◆ 第4ステージ：替え歌で模倣する
（9月2日・9日・16日・10月14日）

・昼食時に、ある男児が即興で「たまごやき、すきなひと？」（○以外はラソミミミを付点のリズム）と、お弁当の中身を歌っていた。その様子を見ていたA児は、歌の問いかけには答えなかったが、同じメロディーで「○○、すきなひと？」と○のところに自分のお弁当内の食べ物（コロッケ）を入れて歌う。
・男児が〈崖の上のポニョ〉を歌う。その後、A児が「ポニョ、ポニョポニョうるさい子」と、歌詞の「魚の」を「うるさい」という言葉に替えて歌ったところ、他児が大笑いしてA児の替え歌を真似た。自分の歌を他

児に真似られ、筆者が拍手をしながら笑うと、A児は替え歌を何度も繰り返し歌い、皆と一緒に笑った。

項目	聴く	動く	操作	歌う	共同性
段階	7	6	7	7	6

　昼食時の3人という小集団の中で、初めて「歌う」行動に「7」という高評価がついた。リラックスした環境の中で、他児の歌がきっかけになり、A児は歌で初めてのびのびと表現をすることができたのだろう。ともあれ、この第4ステージではすべての項目が「6」「7」となり、バランスがとれていた。

◆ 第5ステージ：楽器演奏によるやり取り
（10月21日）

- 〈やさいの音楽会〉に登場する野菜を描いた絵を筆者の首にぶら下げておくと、絵に気づいたA児が近づいてきて興味を示す。筆者が野菜を指さしながら歌いかけると、「もう1回」とはっきり要求する言葉が3回発せられ、同じ歌をリクエストした。
- この歌に合わせてパドルドラムを7拍連続して叩いた後に1拍休むというパターンを、筆者と交互に繰り返し演奏した。

項目	聴く	動く	操作	歌う	共同性
段階	8	6	8	6	6

　ここでは、楽曲のリズムを感じながら交互に演奏するという、これまでになかった楽器操作をA児はこなすことができた。そして、これに

は「聴く」ことも関わっているがゆえに、この 2 項目の評価がこれまででもっとも高くなった。また、「共同性」も安定してきたようである。

◆ 第 6 ステージ：リズムの記憶と表現の広がり
（10 月 28 日・11 月 4 日）

- 筆者が〈やさいの音楽会〉を歌いながら、2 小節目の擬音の部分で A 児の目の前にパドルドラムを差し出し、擬音の部分を「トントントン」と 3 回打つことにした。このような演奏を 3 回繰り返した後には、楽器の出し入れに関係なく A 児が擬音の部分を感じて演奏できるようになり、笑顔も見られた。歌のテンポを速くすると A 児のパドルドラムを叩くテンポも速くなった。しかし、テンポを遅くしたときには、A 児は合わせられなかった。他児が順番待ちをしているときに交代を促すと、バチを他児に渡すことができた。
- 遠足での歩行中に〈バスごっこ〉を歌いながら休符のところで手を握ると、A 児は休符でジャンプをしたり、舌打ちをしたりした。顔の表情も生き生きとし、列を崩さずに歩けた。

項目	聴く	動く	操作	歌う	共同性
段階	8	7	8	6	6

5 項目中「動く」の行動に変化が見られた。筆者の歌の休符部分に A 児が舌打ちやジャンプなど、身体表現への発露となる行為が見られた（筆者も同じ動作でその場を共有して楽しんだ）。また、楽器の「操作」もいっそうの進展をみせた。もちろんそれは、この行動のみならず、それを背後で支える他の行動の安定した支えがあればこそだろう。

◆ 第7ステージ：リズム身体表現活動の広がり
（11月11日）

- 遊戯室の高台に上ったA児は、サイドスキップに近いステップを始めた。A児がステップを踏むたびに、台のきしむ音と手に持った鈴が鳴る。A児の足音に合わせて筆者が「パッパ、パッパ」と声を出しながら手拍子をすると、こちらに注目する。声と手拍子を中断するとA児はステップを止めて催促するように筆者を見る。この遊びを10分近く続けた。
- その後のクラス活動において、赤ちゃん歩きやロボット歩きに参加するが、順番でないときにも表現しようとして友だちに制止される。

項目	聴く	動く	操作	歌う	共同性
段階	8	8	9	6	6

　第6ステージでは歌に合わせた身体表現が見られたが、第7ステージではリズムに合わせた身体表現が多様にあらわれた。とくに、筆者の声や手拍子に合わせたA児のステップは、その後のクラス活動においても弾んだスキップとして、ピアノに合わせて表現された。ここに至って、ますます各行動が緊密に結びついてきて、そのことがA児の豊かで生き生きとした表現につながっているようである。[4]

◆ 第8ステージ：クラスの音楽活動への参加
（12月2日）

- 〈やさいの音楽会〉に合わせて擬音の部分をドラムで叩く活動は、個

別支援の場ですでに経験済みだったので、クラス活動の場合にもA児は積極的に参加した。しかし、同じ歌であっても、「手拍子をする」という初めての活動には参加せずに、ぼんやりしている。
- 他児がパドルドラムを演奏している間、A児は足や身体全体で拍子をとるが、歌に合わせて手足の体操を行う新規の活動には参加せず、立ち歩こうとする。
- やはり経験済みの、ウッドブロックの音を聴いて高低をあてる活動には、参加して手を挙げる。
- 初めての楽器「スプリングドラム」の音を一人ずつ耳の傍で聴く体験では、順番を待ったうえで興味深く楽器の音を聴く。
- 〈おばけなんてないさ〉の歌に合わせてスプリングドラムを振動させて鳴らす、という新規の活動に参加する。
- 楽器を操作していろいろな音色を探る活動では、順番を待って楽器を演奏した後、次の人に渡すことができた。

項目	聴く	動く	操作	歌う	共同性
段階	8	8	9	6	6

　初めて集団活動に参加したこのステージだが、いずれの項目でも前ステージ同様の好結果を残すことができた。これはすなわち、A児の音楽行動、ひいては発達が安定したものとなりつつあることの証であろう。とはいえ、未体験の活動へ参加することは、ごく一部のものを除いて、なかなか難しかったようである[5]。

(2) 総合的評価と考察

　以上、A児の音楽行動の変容を各ステージ毎にプロセススケールに従って評価し、ごく簡単にではあるが、説明を加えてきた。ここでは、それをまとめ直すことにしよう。
　まず、評価を見やすくするために1つの表にまとめ（表3-2）、さ

第3章 乳幼児音楽行動の発達プロセススケールの作成と音楽行動の分析　127

表3－2　A児の音楽行動の変容

項目	聴く	動く	操作	歌う	共同性
第1ステージ	2	2	2	1	2
第2ステージ	4	3	5	1	3
第3ステージ	5	4	7	1	5
第4ステージ	7	6	7	7	6
第5ステージ	8	6	8	6	6
第6ステージ	8	7	8	6	6
第7ステージ	8	8	9	6	6
第8ステージ	8	8	9	6	6

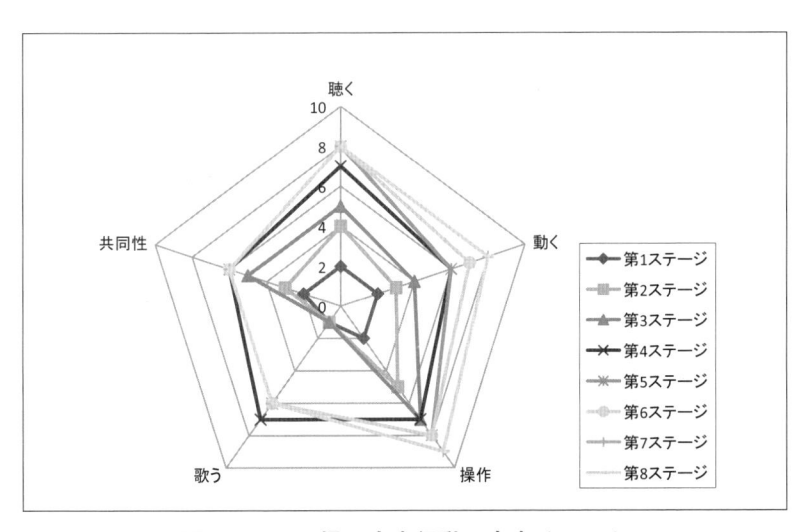

図3－1　A児の音楽行動の変容チャート

らにそれをレーダーチャートに書き換えてみた（図3-1）。

　まず、これらの表と図を見て、すぐにわかるのは、①「聴く」「動く」「操作」「共同性」の4項目が初めからかなり順調に評価を伸ばしていったのに対して、「歌う」の項目の評価は伸び悩んだ　②その後、この「歌う」の項目もそれなりの伸びを示しはしたが、「共同性」の項目と共に、最後まで「聴く」「動く」「操作」の3項目ほどの水準には到達しなかった、という2点である（元々、歌に対して消極的な姿勢を見せていたA児であるから、当然の結果だとはいえるかもしれない）。

　さて、初めから「順調に評価を伸ばした」4項目の中でも、もっとも早くに高めの水準に達し、しかも最高点をつけたのは、「操作」の項目である。第1ステージでは、A児は場の雰囲気になじむのに時間を要したものの、第2ステージでは早くも様々な楽器で楽しみ始めた。そして、第3ステージでは、年齢相応の「7」という段階に至っている。他の2つの項目も、この「操作」にやや遅れるものの、同様にしかるべき段階に到達し、それが安定したものとなった。なお、「共同性」の項目は、最終的には他の3項目ほどの水準に達しなかった。とはいえ、この項目が、それら3つとある時期までは歩調を合わせて進歩している点は見逃せない。

　その一方で、「歌う」項目の評価は、しばらく「1」の段階にとどまっている。ところが、第4ステージになると、これがいきなり「7」にまで上昇した。これについては、最初の3つのステージでは、目に見える行動にはあらわれなかったものの、実はその背後で「発達」が着々と成し遂げられつつあった、と説明できるであろう。それが証拠に、この評価がそのとき限りのものではなく、その後のステージでも、ほぼ同じ段階で落ち着いている。もちろん、限られた場面でしか歌わないとか（小集団の中では歌うことを楽しむA児であったが、クラスという集団の中では歌う表現は難しいこともあり、今後の課題である）、その日の調子によって表現が異なるとかいったふうに、行動には不安定なところがなくはない。とはいえ、この「歌う」という面でも、A児がある程度の発達を遂げたといえる。

最終的に、A児4歳10ヵ月の音楽行動は、「聴く」「動く」が第8段階（3〜4歳）、「操作」が第9段階（4〜5歳）という前操作期に達した。しかし、「歌う」、および人との「共同性」については、第6段階（2歳頃）の感覚運動期の段階に留まる。このうち、「歌う」ことは、やはり、言語の表現や模倣との関連性が強く、これら言語が出る前の機能の面でつまずきがあるため、他の音楽行動に比べて発達が遅れるのだろう[6]。「共同性」が他の3項目ほど伸びなかったのも、この「歌う」ことが足を引っ張っていた可能性と個性の問題があろう。とはいえ、A児の場合は「歌う」項目についての発達段階の数値が1から7へと飛躍したものの順序立てた行動は確認できなかったが、歌う素地として、メロディ、リズム、音程、歌詞の理解は育っていたことがわかる。他の項目との連携をとり、さらには「共同性」と結びつけるかたちで、この「歌う」部分をどう伸ばしていくかということが、この時点でのA児の、ひいては保育者や支援者の課題だといえよう。

4　プロセススケールの妥当性

　以上のように、自閉症児の音楽行動の変容を一定の尺度で評価・数値化し、図表にあらわすことで、その発達のあり方をある程度は客観的にとらえることができた。とはいえ、この1つの事例だけでは、その「尺度」が遺漏のないものだとは到底いえない。そこで、その精度を高めるべく、さらに他の事例にあたってみる必要がある。ここでは、新たに2人の幼児（以下、「B児」「C児」）、の例を取り上げ、先ほどと同じプロセススケールを用いて行動の変容を評価することにしたい。そのうえで、先の事例と共に比較検討し、プロセススケールの妥当性を確かめることにしよう。

（1）新しい事例1：B児の状況と音楽行動の変容

　B児は、2006年5月から同年7月まで保育所で筆者がかかわった、

自閉的傾向が強い、多動の子どもである。ここでは実践を6ステージに分け、先ほどの事例と同様に分析していく。

B児のプロフィール

B児は公立保育所に通う5歳男児。家族には両親と姉がおり、本人を含めて4人家族である。小さい頃から頻繁に動き回り、自閉的傾向が強く、コミュニケーションをとることが難しいと保護者は感じていた。同年代の子どもとの遊びにおいても落ち着きがなく、順番を待つことができないなど、社会的なルールも身についていない。そのため、集団での生活がうまくこなせず、保育室から外に出てしまうことが多い。

家庭内では自動車や電車など乗り物を見ることが好きで、動く玩具を触って遊んでいる。しかし、興味の移り変わりが激しく、一つの遊びが長く続かない。テレビのアニメソングやコマーシャルを注視して、好きなように歌を歌うことがある。姉の鍵盤ハーモニカを叩くように弾くことはあるが、音が出ないと投げる。積み木で遊んでいるときに、鼻歌が出ることもあるということが、最初のアセスメントでわかった。

また、予想がつかないような乱暴な行動も目立ち始めているということである。B児自身、その行為についての善悪の判断がついていないこともあり、保護者もそのようなB児に厳しい口調で接することが多くなってきている。

保育所では、一人で水遊びをすることを好む。保育中の離席が頻繁に見られ、保育者が着替えなど何かをさせようとする気配を感じると、「いや」という拒否の言葉を言って逃げ回る。また、B児はクラスの歌う活動や身体表現遊びには全く参加しない。保育者と一緒に友だちの遊びの中に入っていく機会もあるが、長く続かない。運動神経は発達している方である。AD/HD（注意欠陥多動性障害）を伴う自閉症ではないかと推測されているが、診断を受けていない。

実践期間と目標

2006年5月より同年7月まで、筆者は毎週1回午前9時30分より約30分間、B児を含む4名の園児に音楽活動を行った。補助として保育者1名が入る。

音楽療法的活動に参加する4名のうち、B児以外の3名は、5歳男児1名（F児）、6歳女児1名（D児）、4歳女児1名（E児）である。知的発達障害児や多動傾向がある幼児たちである。

音楽活動の目標は、B児が小集団の中で他児と音楽によるやり取りを体験することで、集団の中で落ち着いた行動をとれるようになることである。

実践の報告

では、実践を報告し、註釈をつけていこう。

◆ 第1ステージ：歌に合わせた楽器表現を通して、小集団の活動の場を受け入れる
（5月10日）

- クラス活動で歌われていた〈あなたのおなまえは？〉を筆者がピアノ伴奏で歌い始めたとたんに、室内を歩いていたB児がピアノの蓋を閉めに来たため、弾くことを中断した。
- 筆者は、ピアノを弾くことを止めて子どもたちと輪になって座り、他児の顔を見ながら再度〈あなたのおなまえは？〉を歌いながら名前を尋ねた。すると、B児は両手で耳をふさぎ足踏みをし、補助の保育者に制止される。
- 次に〈お花がわらった〉という曲を筆者が歌い始めたところ、歌を遮るかのようにB児は大きな声を出しながら離席し、部屋の隅に置

いてあるぬいぐるみを次々に叩き始める。この場を受け入れていない様子であった。
- 他児は歌詞「わらった」に合わせて顔の横で3回両手を振る動作をつけて歌ったり、D児の発案によりジャンプをしたりしていた。B児は他児の表現の様子を時折見るが、部屋の隅を歩いていた。B児の傍に行き、「一緒に歌で遊ばない？」と尋ねたが、「嫌」と言ったため「いつでも入っていいよ」と話しておき、筆者は席に戻った。
- さらに、「お花が好きな動物がやって来た」というお話をしつつ、〈こぶたぬきつねこ〉に登場する動物の絵を見せながら、鳴き声を入れてゆっくりと筆者が歌った。
- また、歌に合わせて楽器（ウッドブロック、タンブリン、カスタネット、鈴）を動物の鳴き声に対応させながら1つずつ音を鳴らして机の上に並べたところ、歩いていたB児が近寄り、楽器を次々に持ち替えて音を鳴らし始めた。
- 他児も加わり楽器音が騒音になったため、一旦全員を着席させた。
- B児にはウッドブロックを渡し自由に演奏する時間としたところ、持ち手をはめたり外したり、叩く部分に棒を入れたり叩いたりした。また、ウッドブロックを左手で持たずに机の上に置いて叩くなど、様々な音の出し方を探る。
- ウッドブロックを持ってランダムにB児が叩き始めたときに、筆者はピアノで即興伴奏をしながらB児の気持ちに寄り添ってみた。B児は筆者の顔を見て激しく速く叩いていたが、次々と楽器を持ち替えて鳴らした。その後、B児がピアノの蓋を閉めることはなくなった。

(5月17日)

- B児は保育者に引っ張られるようにして入室したが、廊下に出たため、自由にさせながらB児の行動を見守った。
- B児は室内での楽器遊びに興味があるのか、廊下から室内を時々覗く。

第3章　乳幼児音楽行動の発達プロセススケールの作成と音楽行動の分析　133

　　入室しようとはしないので筆者が誘いに行くと、遠くに行くふりをする。
- 他児が前回同様、D児を中心に歌に合わせて楽器の演奏を行った。
- 〈こぶたぬきつねこ〉に合わせて楽器を鳴らすときに、新しい楽器として「マルチトーンターン」を紹介したところ、B児が入室して触りにきた。B児は、椅子に座り楽器の8枚の板の部分を叩いて音を確かめていたが、しばらくすると止めて床に寝転がった。登園時から体調が悪いことも影響しているのか、いつものように走り回ることもない。
- 他児が〈こぶたぬきつねこ〉を歌っている間、B児の足の先が拍を感じるように動いていることを確認した。

項目	聴く	動く	操作	歌う	共同性
段階	4	3	4	4	2

　第1、2回目は、楽器の音には興味を示したが、他児や筆者とかかわろうとする態度はほとんど見られなかった。例外は、楽器に興味（これは、「音がするモノへの関心」のあらわれであろう）を示したことと、17日の〈こぶたぬきつねこ〉での足の動きのみである。
　B児の関心を見逃さず、筆者は同じ行為を真似ながら、「机の上で鳴る音と、この音と違うわね」と話しかけた。その後、ウッドブロックを座布団の上に置くなど、場所を変えたりしていたところをみると、B児は話の内容を理解したうえで音探しをしているように見えた。
　このステージではB児と信頼関係を結ぶことに重点を置いたため、筆者は「音楽で遊ぶ仲間」としてかかわった。時折、皆の活動に興味を示したB児だが、日頃の保育室での状況を踏まえ、無理に参加させるのではなく、自主的に参加するまで待つことにした。そのきっかけとなったのが、楽器である。叩く位置や置く場所を変え、音の違いを確かめる

など、B児がウッドブロックで熱心に遊んだことは、大きな変化であった。

◆ 第2ステージ：音楽を身体で感じる
(5月31日)

- 子どもたちに、〈お花がわらった〉を聴きながら、自由に身体表現するように促した。「わらった」のところで筆者は、D児の表現と歌の音程に合わせて高低をつけて手合わせをしていた。その様子をB児が見に来たので、筆者はD児と同じことをB児に対しても試みたが、うまく手が合わせられなかった。
- そこで「B君、ピョンピョン、兎さんのように跳んでみようか」と誘いかけた。B児の両脇に後方から手を入れて、歌いながら「わらった」の部分で身体を持ち上げてジャンプの補助を行った。B児はこの跳躍を気に入り、身体で催促をしたので何度も繰り返し行った。
- 子どもたちが個々に自由な身体表現を行う場でB児は、歌詞「わらった」が6回繰り返される前後を含め、幾度もジャンプした。

項目	聴く	動く	操作	歌う	共同性
段階	5	4	4	4	3

　ジャンプの催促をしたことをきっかけに、B児と筆者の距離が縮まる。以前は、筆者や他児の様子を遠まきに見たり退室したりするなど、活動に関心がないようであったが、今や興味のあることに自分なりの方法で参加する様子が見られ始めた。ここでは、他児に干渉されずに、一人ずつの表現を取りあげて丁寧に認めることにより、自分が主役になる経験ができたようである。

◆ 第3ステージ：替え歌やダイナミクスの変化で、多様な活動を行う
（6月7日）

- 入室時に、〈お花がわらった〉で「お花」と歌うべき箇所に子ども一人ずつの名前を入れて、筆者が歌いながら迎えることにしたが、B児は抵抗しなかった。
- 「わらった」の歌詞では、筆者は声に強弱の変化をつけた。この曲の特徴である「わらった」の箇所で様々な表現の方法があることに気づかせるために声の強弱をつけたが、子どもたちの声はほとんど変化しなかった。
- 大きい声のときには両手を大きく回しながら上に上げ、小さい声のときには両手を口にあてて内緒の声で歌うように、大小を視覚的表現であらわした。B児以外の子どもたちは歌うことを止めて最初は手の動作だけを模倣していたが、声の大きさの違いにも気づき、それを真似て歌い始めた。B児はその様子を見ていたが模倣はしなかった。
- 子どもたちに、歌に合わせて自由に表現することにしたが、気分がのらないB児は部屋の隅に行き、参加しなかった。離れた場所にいたB児であったが、筆者が「わらった」の箇所でタンブリンを叩くと、B児は近づいてきて、両手を上げてお花を作るような動作を行った。そこで「B君のお花さん、すてきね」と褒めたところ、ジャンプしながら前進した。

項目	聴く	動く	操作	歌う	共同性
段階	6	5	5	4	3

声の大小を手の動作で視覚的にあらわすことにより、子どもたちは次第に声の大小関係を認知し、表現の幅が広がったようである。

B児は、他者の身体動作をその場ですぐに模倣することはしないが、時間をおくと、それも可能になることがわかる（これには、単純で覚えやすい曲を選んだことも関係していよう）。周りの活動を注視することが少しずつできるようになってきたB児は、小集団の中で落ち着いてきた。

◆ 第4ステージ：楽器による即興的交互演奏を行う
（6月14日）

- B児が部屋に入ってきて「楽器？」と尋ねた。ボンゴとトライアングルを示すと手を出したため、「B君はどちらが良いの？」と楽器の音色を聴かせた。B児はトライアングルを指さしたので、「ではトライアングルをどうぞ」と言って渡した。
- B児は紐を持って叩いたが、回って打ちにくいために金属のところを手でつかんで音を鳴らした。これでは楽器本来の響く音がしないことに気づいたのか、「いらん」と言って返しに来た。筆者がトライアングルのトレモロの音を聴かせて興味をもたせ、B児が打ちやすいように、トライアングルを持ってあげたところ、自分が望む音色がしだいに出始めてきた。いろいろな叩き方をして集中する時間が長くなった。
- B児がトレモロ演奏を休んだところで、筆者がタンブリンで付点のリズムを入れたところ、B児との即興の交互リズムが生まれた。「きれいな音が出せるようになったね」と声をかけると、B児に微笑みの表情が出てきた。
- D児が加わりB児の横でマラカスを振り始めると、B児は楽器を持ったままその場を立ち去った。

項目	聴く	動く	操作	歌う	共同性
段階	7	5	6	5	4

　この場面で初めて、B児は筆者に話しかけた。また、楽器を介して即興の応答的な音楽表現ができた。うまく楽器の音が出せないことに苛立つ場面もあったが、トライアングルの長く響く余韻の音とトレモロの音の魅力により、集中する時間をもつことができたといえる。他者との即興的な交互演奏の音楽体験の中で、相手が鳴らしているときに「待つ」ことをB児が自然に体得したことは、貴重な体験であろう。

◆ 第5ステージ：小集団の中で、歌を歌う
（6月21日）

- 入室時からB児が自分の椅子を運んできて、活動に参加する意欲が見られた。そこで筆者はB児の好きな楽器活動から始め、ウッドブロックはB児とD児に、マラカスはF児とE児に手渡した。
- 最初は思い思いに楽器を鳴らしていたが、筆者がピアノで〈おもちゃのチャチャチャ〉を弾き始めると、この曲を好むD児は、曲に合わせて鳴らし始めた。それを見ていたB児もウッドブロックを叩いたが、曲に合わせるという感じではなかった。
- 次に、この曲を皆で歌うことにした。子どもたちは歌詞を知らないため、よく知っている前半を全員で歌い、後半は筆者の歌を聴くことにした。このときは今までと異なり、B児も皆と元気よく擬音の部分「チャチャチャ」を歌った。
- 曲のイメージが定着してきたところで、筆者は「おもちゃの」の「の」をゆっくり歌い、「チャチャチャ」のところでは手拍子または身体の

どこかを打つように子どもたちにやり方を見せた。子どもたちは最初、「チャチャチャ」の手拍子だけを打っていたが、次第に歌を伴いながら叩けるようになった。
- その後、歌に合わせて自由な楽器演奏を行ったところ、B児は「チャチャチャ」の部分をカスタネットで鳴らしていた。

項目	聴く	動く	操作	歌う	共同性
段階	7	6	7	6	5

　以前は集団の中で歌わないB児であったが、小集団の活動の中では部分的にではあるものの、楽器の操作や身体表現があらわれるようになった。また、歌う活動にも参加することができ始めた（ちなみに、この〈おもちゃのチャチャチャ〉では、「の」の部分をゆっくり歌ってあげると、子どもは次の部分の活動に入りやすくなる。また、後半の歌詞が擬音であることも、歌いやすさを助長している）。
　自由な表現のときに、B児は落ち着いて「チャチャチャ」の部分をカスタネットで演奏をしているのを見るかぎりでは、曲の構成を把握してきているようである。

◆ 第6ステージ：即興音楽や他児の動きに合わせて B児が身体のコントロールを行う
（7月5日）

- 子どもたちが淡い色の透けたスカーフを身体に巻きつけたり、なびかせたり、頭にかぶるなど、個々に様々な遊びを行う中で、B児はスカーフを持って部屋の中を走り出した。
- B児の動きに合わせて筆者がピアノ伴奏を即興でつけたところ、B児の様子を見た他児も同じように走り出し、動きが活発になった。

- ゴー・ストップ・ゲームを日頃から楽しむ他児たちは、ピアノ伴奏がなくなると動きも止まり「もっと弾いて」という子どもの声が発せられた。
- B児も他児と同じように、音楽が聴こえなくなると身体の動きを止めて、筆者に近づくようになった。
- テンポに変化をつけてみたが、B児の行動に変化は見られなかった。

項目	聴く	動く	操作	歌う	共同性
段階	7	7	7	6	6

　ここではB児は、音楽や他児の動きに合わせて自分の行動を徐々にコントロールできるようになってきた、といえる。最初は模倣される立場にあったB児が、次第に他児の行動を模倣するようになった。模倣の対象が少人数であることが、B児にとってはわかりやすくて、よかったのだろう。そこから、子どもたちがお互いを意識して影響し合う行動に発展した点も見逃せない。
　なお、B児は音楽のテンポの変化には気づかなかったようだが、それには経験と能力が必要なのであろう。

総括的考察
　では、以上の実践をまとめてみる。なお、プロセススケールによる評価については、のちほど3人の幼児の評価を比較する際に検討する。
　落ち着きがなく、他者とのコミュニケーションに問題を抱えていたB児だが、第1ステージには、まさにそのとおりの行動を示す。普段の保育中の活動と同様、自分がかかわりたくない気持ちを種々の行動・態度であらわしたのだ。だが、興味をもてそうな活動となると、態度を変え、参加した。そして、ここがB児との関係づくりの第1歩となる。このとき、自ら楽器でいろいろと音を探しながら遊ぶという体験は、音楽活動に入るきっかけとして貴重であったといえるだろう。しかも、「楽しい楽器

のある場」としてＢ児はこの環境を受け入れ、以後、この音楽活動の場所への入室も積極的になってきた。

続く第２ステージでは、同じ場にいるＤ児の行動を気にするようになり、模倣を試みている。これは上手くできなかったが、筆者が提案した代わりの行動に応じて、こなしており、Ｂ児の興味はモノである楽器から、人へと広がりを見せ始めている。ここではまた、音楽活動を身体表現で楽しむきっかけもできたようである。

その第２ステージで行ったのは身体全体を使った粗大運動であったが、第３ステージではＢ児は椅子に座って上半身の動作模倣を行うことができた。しかも、それを楽しんでもおり、少しずつではあるが、着実に音楽活動になじんできている。

第４ステージでは、交互演奏を試みた。もちろんそれには、衝動的な行動が多く、散発的に楽器を鳴らすＢ児の側に筆者がうまく合わせたという面も少なくない。とはいえ、その中でＢ児も、相手が演奏している間に「待つ」ことができていた。おそらく、自分の自由な演奏が受け入れられたことが、一つの動機付けとなっていたのだろう。

第５ステージでは、Ｂ児は自発的に椅子に座り、音楽活動に参加しようとする積極的な態度が見られた。ここでは、Ｂ児の心理的変化が読み取れる。おそらく、個別に筆者がＢ児と楽器などでかかわったことや、楽器に触れることがＢ児の中で楽しいと感じられ、参加への自発的な意欲がわいてきたことによるのだろう。さらに、〈おもちゃのチャチャチャ〉の一部を歌うことができた。これは、一斉に歌う前に、歌に合わせてウッドブロックで演奏したり、Ｄ児の歌う様子を見たりすることにＢ児が刺激を受けたのだといえるだろう。

第６ステージでも、筆者はＢ児の動きに合わせた音楽をつけた。このときＢ児は、リズムにのって走る心地よさを感じるだけではなく、「自分の動き」と「音楽」の同期にも気づき、それに基づいて行動できるようになっていた。

ともあれ、この小集団での音楽療法的な活動により、Ｂ児は保育中の

音楽的活動にも自主的に参加する時間が増え、離席回数が減少してきた。この活動には一定の効果があったと考えてよいだろう。

(2) 新しい事例2：C児の状況と音楽行動の変容

次に、もう1つの新しい事例を検討しよう。それは、中度自閉症C児の事例である。C児は、筆者が2007年9月から2008年4月まで、幼稚園において週1回、個別にかかわった自閉症児である。実践を5ステージに分け、これまで同様に分析していく。

C児のプロフィール

4歳女児のC児は、児童相談所で自閉症と診断され、園内では加配の保育者が付いている。家族構成は母親、姉、本人の3人である。C児の発達上の問題点として、幼稚園では次の点が挙げられていた――①視線を合わさない ②言語によるコミュニケーションが苦手 ③色や登園時の道順に強くこだわる ④多動である ⑤場面に関係のない言葉を繰り返す ⑥気持ちが混乱するとパニックになり、裸足で外に出てしまう ⑦家では音楽を聴くことを好むが、幼稚園の音楽活動ではすぐに離席し、教室と廊下を行き来する ⑧人の多いところが苦手なためか、砂や粘土遊びをしていても他児が数名近づくと離れてしまう――以上の8点である。このため、「C児が園生活を楽しいと感じられるように、自己表現できる場面を設けることが必要だ」と保育者は考えられていた。

家庭では、言語によるコミュニケーションこそ少ないものの、「あ・うん」の呼吸で家族がC児の要求や気持ちを理解しているようである。幼稚園に行くことを時々渋るため、いつも車で通園している。また、子ども向けのテレビを好んで見ている、とのことが事前のアセスメントでわかった。

幼稚園では一人、または加配の保育者と遊ぶことがほとんどで、他児との交わりが見られない。幼稚園の音楽活動では大きな音が苦手で、離席することが多い。とくに、大太鼓やシンバルなどの大きな音や大声を

怖がる。歌うことは好きで身体でリズムをとっているが、歌詞をきちんと歌う様子はあまり見られない。

実践期間と目標

音楽活動における支援は、2007年9月から2008年4月まで週1回、登園後の自由遊びの時間帯、または昼食後から降園までの自由遊びの時間に、合計21回、教室隣のピアノのある部屋で行った。

個別の活動では、補助の保育者が付かないこともある。

活動の目標は、C児が、音や身体による表現を通して自己をコントロールしながら、他者と合わせられるようになること、である。

C児の実践における結果と考察

◆ 第1ステージ：楽器音の探索を通して音楽の場を受容する（年中組）
1回目（2007年9月6日）

- 筆者がマラカスをいろいろな方向から振り下ろしながらリズムをつくって遊んでいる姿を見て、部屋の中を歩いていたC児が近づいてきた。
- マラカスを机の上に置いてみるが、C児は手に取らず、チラッと見て離れていく。
- 次に筆者がボンゴを付点のリズムで叩くと、部屋の隅を歩くC児の足取りがわずかながら軽やかに跳ぶように見える。同じリズムで楽器をカスタネット、ウッドブロック、カリンバなどに替えると、音が変わったことに気づいたのか、楽器の方を見ることもある。筆者に近づこうとはしなかったが、退室もしない。
- 筆者がレインスティックをゆっくりと傾けながら音を鳴らしたとこ

ろ、C児が近づいてきた。長さ約80センチの棒状の楽器を逆さまにすると、中の小さな種が内側に刺された多くの突起（トゲ）に当たりながらサラサラ落ちる音が長く響く。音に合わせて「雨、雨……」と筆者が歌うとC児が楽器に手を掛けた。

- 「これ、欲しいの？」と尋ねながらC児の手に楽器を持たせる。C児一人では楽器の音が鳴らないため、C児は筆者の手を取って楽器の上に置き、鳴らして欲しいと訴える。
- 「雨の音を聴きたいね」と声をかけて、レインスティックをC児と一緒に逆さまにすると、C児は最後の一滴まで落ちる音を聴きながら、レインスティックを見る。

項目	聴く	動く	操作	歌う	共同性
段階	4	3	4	4	3

　C児は最初、筆者になかなか近寄らなかったが、レインスティックの音への興味から、自らも鳴らしたいという思いにかられたのか、近づいてきた。だが、楽器を鳴らすよう要求する場面でも、C児は筆者と視線を合わせるわけではなく、筆者の手を道具として使用したようだった。ここでは、C児が楽器にかかわる二項関係は成立しているが、筆者をヒトとして認識しているかどうかはわからない。ともあれ、この楽器での体験からC児は、ここが楽器で遊べる安心な場だと認識したと思われる。

◆ 第2ステージ：三項関係の萌芽が見られる
3回目（9月27日）

- 警戒心の強いC児に圧迫感を与えないように、筆者は90度の角度に座り、長く音が響くエナジーチャイムを鳴らして、C児の耳に近

づける。前に楽器を差し出すと、C児も鳴らす。
- C児の叩き方を筆者が模倣して叩く。交互に鳴るチャイムの音の響きに包まれながら筆者が立ち上がると、C児もつられて立ち、楽器を手にする筆者と目が合う。
- 筆者が返す音が遅れると、C児は「あれ？」という感じで筆者を見る。

項目	聴く	動く	操作	歌う	共同性
段階	5	4	5	4	4

　早くもこのステージで、C児と交代にエナジーチャイムを鳴らす交互奏となった。C児の鳴らす音に対して、真似る筆者の音は弱いため、こだまのように響く。この交互奏に慣れてくると、C児は筆者の行動をも真似た。音に集中しながらも、他者を意識していることがわかる。これはすなわち、前ステージで見られた「楽器との二項関係」を脱し、「楽器を媒体として他者を意識した三項関係」へと進みつつある証といえるだろう。

◆ 第3ステージ：他者と曲の終止を合わせる
9回目（11月22日）

- クラス活動で自分の知っている童謡が聴こえてくると、C児は一瞬、身体を前後に揺する常同行動（ロッキング）を止め、首を傾げて聴き入るそぶりを見せることもあった。が、結局は部屋から飛び出し、それを加配担当者が追いかけることが少なくない。
- 歌声だけにはほとんど興味を示さないC児だが、ピアノ伴奏付きの童謡の場合、聴いていることが多かった。そこで、C児を筆者の横に座らせてピアノを一緒に弾きながら歌うことにした。

- Ｃ児は筆者の童謡の弾き歌いが聞こえると、拍を取るかのように身体を前後させながら、歌に合わせてピアノを両手で打ち鳴らす。音は適当であるため歌の伴奏と調和しないが、〈おかあさん〉などＣ児の好きな童謡の終止については、筆者と一緒に合わせられる。
- 即興演奏の場合にも、筆者が少しずつテンポを落としていくと、Ｃ児は曲の終わりが近づいたことに気づき、終止を合わせられることが多くなってきた。その後、何度も筆者の手をクレーン・ハンドにしてピアノの鍵盤に置き、ピアノの弾き歌いを催促し、同じ歌を何度も繰り返し歌ってもらうことを要求する。

項目	聴く	動く	操作	歌う	共同性
段階	7	4	7	4	5

　Ｃ児が連弾演奏の要求を筆者にクレーン・ハンドで伝えた事例である。保護者によると家では歌番組を好み、姉がピアノを弾く環境でもあるためＣ児自身もピアノを弾くことに興味をもっていたようである。ここでＣ児が演奏をうまく合わせられたことから察するに、三項関係がよりしっかりしたものとなり、共同性も育ちつつある。

　また、既知の曲であれば終止を合わせるのはさほど難しくないかもしれないが、即興演奏となると、なかなかそうはいかないはずである。にもかかわらず、それがうまくできたということは、Ｃ児が音楽の流れを集中して聴いていたということに他ならない。

◆ 第４ステージ：好きな歌で気持ちを切り替える
15回目（2008年2月7日）

- Ｃ児は色へのこだわりが強く、服を着る際に黄色の服や下着類を着

たいと登園前にこだわったため、母親に叱られ、機嫌が直らないままの登園となった。部屋の入り口で鞄や靴を投げて泣きながら混乱していた。

- そこで担任保育者は、C児の身体を後ろから持ち上げて回転させた（これをC児は日頃から好んでいた）。さらに筆者がC児の好きな歌〈お正月〉の弾き歌いを始めたところ、ハッとC児の表情が変わり、筆者の所に来てピアノを弾き始め、落ち着いた表情になった。
- C児は、ピアノに合わせて〈お正月〉の最初のフレーズだけを何度も繰り返して大きな声で歌い、これまでのこだわりを忘れたような表情になった。

項目	聴く	動く	操作	歌う	共同性
段階	6	5	8	4	5

多動の背景には平衡感覚系の反応の鈍さがあるともいわれているが、揺れ遊びや回転遊びなど前提覚を刺激する感覚統合療法を取り入れることで好転することがある。[7]そこへ好きな歌が聞こえてきたことが、「ピアノを弾く」というC児にとって興味ある行動につながり、機嫌も直ったというわけだろう。この時点でC児は、音楽を聞くというゆとりがでてきたといえる。情動に働きかけ安定をもたらすという音楽の機能が、行動の変容をもたらす好例である。

ちなみに、〈お正月〉はゆったりとした4拍子の歌であるが、C児は身体を前後に揺らしながら1拍目の強拍部分を強調しながら歌う。C児の話し言葉はほとんど聞かれないが、メロディーにのった好みの歌は歌詞のとおりに自信をもって歌える。このように音楽にのった言葉は、発語を促すうえでも意味のある経験となろう。

◆ 第5ステージ：クラス活動のリズム表現に参加（年長組）
21回目（4月22日）

- C児はクラスの一斉のリズム表現活動に参加し、歩いたり、スキップしたりなど、リズムに合わせて動く活動を楽しんでいた。また、保育者や友だちに褒められたところ、C児は嬉しそうな表情をし、身体を前後に揺すりながら皆と一緒に拍手をする。また、他児の表現のときには、自分の椅子に座ってその様子を見ていた。
- 〈お正月〉を毎週繰り返し聴いていたC児は、個別のアプローチで初めて1番を最後まで歌うことができた。季節柄、クラス活動では歌うことはないが、幼稚園で1曲を通して歌うという表現が初めて見られた。

項目	聴く	動く	操作	歌う	共同性
段階	8	9	8	7	6

　これまでのC児は、ルールのある遊びになかなか参加できないでいた。しかも、年長クラスになると、子ども同士でも相手の意図をくんだ言語コミュニケーションが活発になり、クラス内でのC児が自己表現する場が減っていた。そこで、個別支援の場で体験したリズム表現をクラス活動でも取り上げてもらうことにする。そうすれば、C児も参加しやすいだろうし、クラスの一員としての存在感を他児に伝えることにもなる。そして、これはうまくいった。クラスの音楽活動への参加を他者に認められ、褒められた経験は、C児にとって積極的に行動する動機付けとなったことだろう。

総括的考察
　次に、C児の実践のまとめを行う。

自閉症特有の症状（視線が合わない、こだわりが強い、コミュニケーションが困難）が見られるＣ児であったが、第1ステージで筆者がスキップのリズムでいろいろな打楽器を演奏する音に興味をもち、個別の音楽活動の場を受け入れたように感じられた。とくに、長い木で造られた「レインスティック」という楽器は、杖のように視覚的に面白い形をしており、また聴覚的にもサラサラとした心地よい音がする。Ｃ児はこの楽器の珍しさに興味を覚え、音を自分でも出してみたいという欲求が筆者とかかわる最初のきっかけになったといえるだろう。

　続く第2ステージでも、「エナジーチャイム」という掌にのる小型の楽器でありながら高い音が長く響くという、一風変わった楽器が、Ｃ児の心をとらえたようである。ここでは、Ｃ児が鳴らすエナジーチャイムの音を筆者が模倣するという活動をリズミカルに行っていた。しかし、筆者の模倣が遅れることに違和感を覚えたことで、Ｃ児が筆者の目を見ることにつながった。このように、常に一定のテンポではなく、ズレが生じることで、その行為の対象に注意を向けることが容易にできるといえるだろう。

　第3ステージでは、〈おかあさん〉など、Ｃ児が知っている童謡の弾き歌いを筆者が行うと、Ｃ児と筆者のピアノ連弾のような演奏が可能になった。このようなＣ児の好む活動をきっかけに、他者とテンポを合わせるという共同的な行為は、Ｃ児が楽しみながら同期する貴重な体験と考えられる。

　第4ステージは、登園時から気分のすぐれないＣ児であったが、自分の好きな音楽〈お正月〉を聴くことで気持ちをコントロールすることができた例といえるだろう。まさに、これは音楽療法の一つといえる。

　年長クラスに入った第5ステージでは、クラスのリズム活動にも関心を示し、身体表現活動が可能になってきた。中でもスキップは、音楽のリズムに合わせてできる得意な活動で、皆に認められている。おそらく、Ｃ児自身がクラスの活動に積極的に参加するようになったきっかけの一つに、Ｃ児の表現がクラスで認められたことがあるといえるだろう。

(3) プロセススケールの妥当性の検証

さて、以上、新たに2人の幼児の事例をみてきた。それを踏まえて、先に提示し、1人の事例で試した「プロセススケール」の妥当性を検証することにしよう。

対象児3名の評価の比較

まず、筆者が支援を行った自閉症児3名（A児、B児、C児）の状況と音楽活動による変容について簡単にまとめたものが、表3－3である。

その上で、これらの音楽行動の変容を「乳幼児音楽行動の発達プロセススケール」で評価した結果を、表3－4、表3－5、表3－6、およびレーダーチャートであらわす。

表3－3　対象児ABCの状況と音楽活動による変容

対象児	A	B	C
年齢・男女	4歳男児	5歳男児	4歳女児
症状	中度自閉症	多動で自閉的傾向が強い	中度自閉症
特徴	・視線が合わない ・言葉でのコミュニケーションが困難 ・運動能力には問題がない ・他児と交わることがない	・動きがすばやく、落ち着くことがない ・自閉傾向が強い ・他者とのコミュニケーションをとろうとしない	・言葉でのコミュニケーションが困難 ・こだわりが強い ・多動 ・欲求に関する名詞は言える ・警戒心が強い
音楽活動期間　場所　形態	2008年5月〜2009年2月（月3回）幼稚園個別から小集団	2006年5月〜2006年7月（週1回）保育所小集団	2007年9月〜2008年4月（週1回）幼稚園個別

対象児	A	B	C
音楽活動における変化 ①参加のきっかけ ②変化した音楽行動	①楽器「カリンバ」による逆模倣 ②他児のリズム表現の模倣 ・楽器音によるやり取り ・他児の歌を替え歌にして歌う ・クラス活動参加	①曲に合わせた筆者の補助付きジャンプ ②楽器による即興的リズム作り ・音楽と身体の動きを合わせる ・擬音の部分を皆と一緒に歌う	①ピアノ伴奏付きの童謡を聴く ②楽器の探索遊び ・エナジーチャイムの交互奏 ・ピアノで連弾 ・こだわりを歌「お正月」で解消 ・リズム表現参加
他者との関係性の変化（時系列） ①初回 ②中間 ③終了	①視線を合わさない。言語のやり取りが困難 ②他児の行動に関心を示し、リズムに合わせて模倣する ・替え歌作りで他児と笑い合う ③クラスの音楽活動に参加し、個別で経験した内容は自信をもって表現する	①させられることに「嫌」と言う ・弾き歌いの曲を聴くことを拒否 ②後ろから身体を持たれることを許可し、ジャンプを楽しむ ・楽器音を介した他者とのやり取りで落ち着いた表情になる ③集団の楽器演奏や歌に一部参加	①人より楽器という物に興味を示す ②好きな童謡のリクエストを他者にジェスチャーで行う ・終止を合わせる ・人に働きかける ③クラスの音楽活動に参加し、多動が減少する

第3章　乳幼児音楽行動の発達プロセススケールの作成と音楽行動の分析　151

表3－4　A児の音楽行動の変容

項目	聴く	動く	操作	歌う	共同性
1ステージ	2	2	2	1	2
2ステージ	4	3	5	1	3
3ステージ	5	4	7	1	5
4ステージ	7	6	7	7	6
5ステージ	8	6	8	6	6
6ステージ	8	7	8	6	6
7ステージ	8	8	9	6	6
8ステージ	8	8	9	6	6

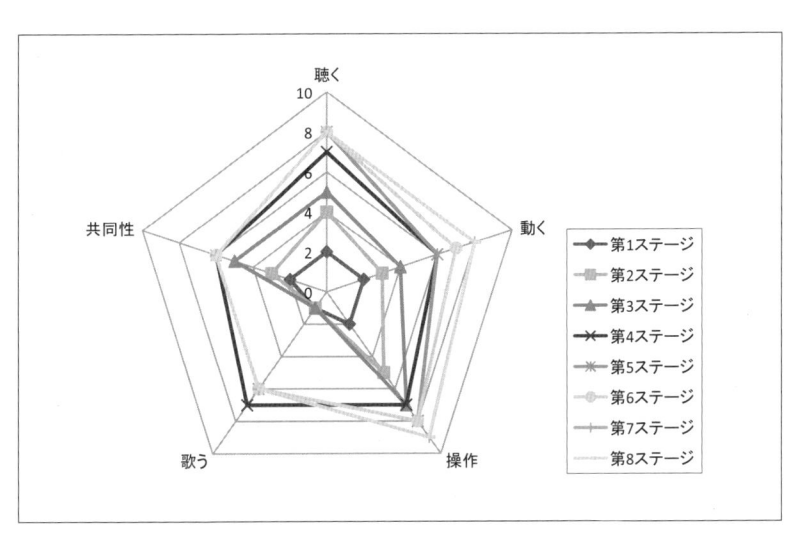

図3－2　A児の音楽行動の変容

表3－5　B児の音楽行動の変容

項目	聴く	動く	操作	歌う	共同性
1ステージ	4	3	4	4	2
2ステージ	5	4	4	4	3
3ステージ	6	5	5	4	3
4ステージ	7	5	6	5	4
5ステージ	7	6	7	6	5
6ステージ	7	7	7	6	6

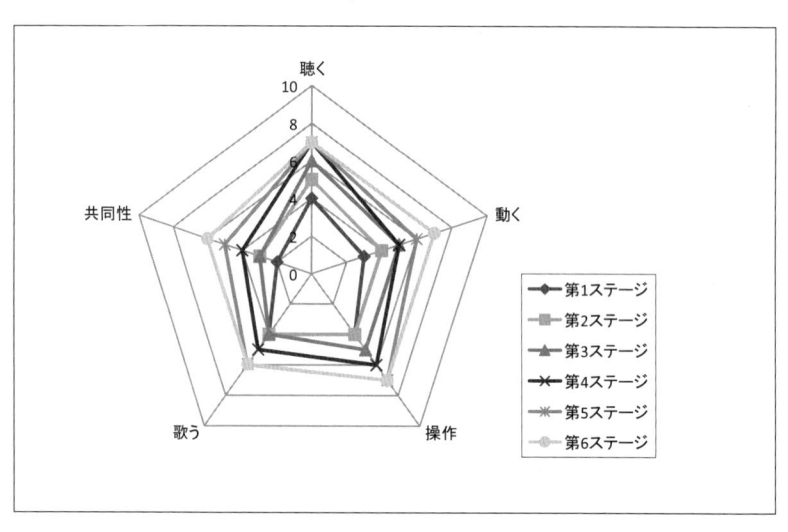

図3－3　B児の音楽行動の変容

第3章　乳幼児音楽行動の発達プロセススケールの作成と音楽行動の分析　153

表3－6　C児の音楽行動の変容

項目	聴く	動く	操作	歌う	共同性
1ステージ	4	3	4	4	3
2ステージ	5	4	5	4	4
3ステージ	7	4	7	4	5
4ステージ	6	5	8	4	5
5ステージ	8	9	8	7	6

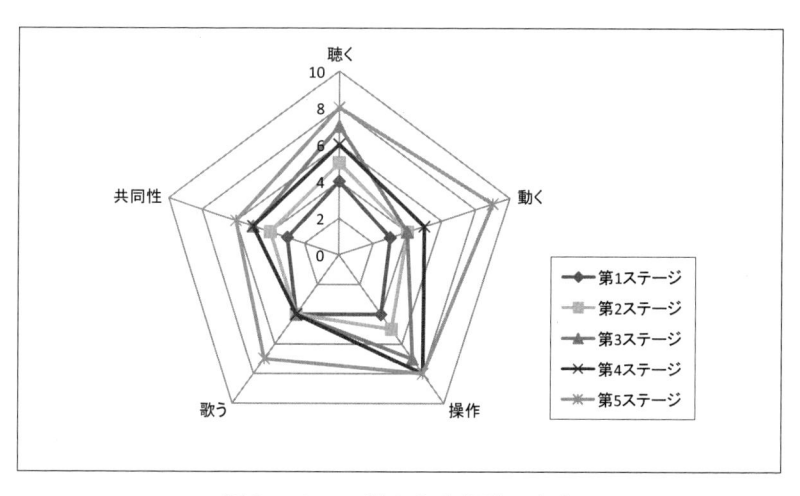

図3－3　C児の音楽行動の変容

こうしてみると、Ａ児、Ｂ児、Ｃ児の傾向の違いは一目瞭然である——たとえば、Ａ児は「操作」の項目が顕著に伸びているが、Ｂ児は身体表現の項目に変化があらわれている（これは、Ｂ児の「多動」の性質を反映しているともいえるが、他児の行動への関心のあらわれでもある）。また、もともと歌が好きなＣ児だけに、最初の「歌う」の評価は低くはないが、大きな伸びを示したのは他の項目である——といった具合である。
　しかし、このプロセススケールが有効だといえるには、次のことが示されねばならない。すなわち、3人の評価の傾向がある程度一致している——自閉症児に共通して見られる、ある種の型を示している——ことである。つまり、一つの尺度として有効であれば、自閉症という共通の傾向が、同じような数値としてあらわれることになる。そこで、最後にその点を確認するとともに、今回の反省点についても触れることにする。

プロセススケール自体の評価と反省

　まず、すぐに目に付くのは、「操作」や「動く」の項目に比べて、「歌う」の項目の数値が3名ともに低い、ということである。歌うことには、当然、言語が関わってくる。ということは、他者とのコミュニケーションにも直接・間接的に関わってくる[8]。そして、その両者を苦手とするのが、まさに自閉症児なのである。3名の「歌う」の数値が他の項目のような水準に達しなかったのは、まさにこうした点のあらわれであり、プロセススケールは、それを正確に映し出していたのだといえる。
　また、同様に、「共同性」の数値もさほど上がらなかった。3名ともに最終的な数値は6（発達年齢2歳前後）に留まっている。これは、各人が集団の中にいながら、他児と影響し合う行動になかなか出られなかったことを示しており、やはり他者とのコミュニケーションを苦手とする自閉症児の特性でもある（なお、それはそれとして、仮に3人に対して行っていた支援をさらに続けた場合、この「共同性」の数値が「歌う」こととともにどう変わっていくのかは、大いに興味のもたれる問題

である。おそらく、両者はある程度は歩調を合わせて変化するのではないだろうか)。

　他方、「聴く」「動く」「操作」の項目がかなりのところ数値の上昇を示したことについては、それらが言語コミュニケーションや共同性とはある程度独立したものであるがゆえに、「歌う」や「共同性」の項目よりも上昇しうる可能性を有していたといえるだろう。

　そして、3名ともに初期段階から、「動く」ことよりも「操作」の方が数値の伸びが顕著だった。その理由として考えられるのは、自閉症が外界と接点をもつ際の「視覚優位」の傾向だろう。すなわち、楽器の操作と音の因果関係が視覚的にとらえられる音楽行動の方が興味を示しやすかった、というわけである。

　また、「動く」ことについても、一度経験した音楽行動を同じパターンで繰り返すという態度も見られた。すなわち、自閉症児ならではの「こだわり」がこれらの行動を深めることにつながっていたのかもしれない。事実、3人とも、最初は消極的だった事柄に対しても、一旦気に入ると、かなり熱心にそれに取り組む傾向を見せている。そのようにみれば、これら3つの項目が割と早い時期に数値を挙げたこともわからなくはない。そして、もし、この仮定が正しいとすれば、やはり、このプロセススケールは自閉症児の傾向をそれなりに正確にとらえうるものだといえるのではないだろうか。

　もちろん、だからといって、このプロセススケールに問題がないわけではない。いや、それどころか、多くの改良点が見つかるだろう。

　まず、設定した段階区分が、平均的な乳幼児の発達をモデルとしたものである（ピアジェを参考としていることから）ため、生活年齢が上がってくる自閉症児にとって、運動面などこれまでに獲得している内容も含まれている。また、その中にはあてはまりにくい内容も含まれている。とくに、自閉症児の発達は段階を追って出るとは限らないことも考慮しておく必要がある。また、段階別の項目内容が1～4項目と少ないために、評価の判断がつきにくい箇所も見られる（とはいえ、段階の項目を

増やすとなれば、すべての内容に該当するとは限らないため、該当する割合を考慮しておく必要があるだろう）。

　さらに、検証に必要とされる事例が3件と少ない点が挙げられる。本来であれば、もっと多くの事例が必要だったろう。この点については、今後、さらに事例を集めて、より精度を高めることにしたい。とりわけ、自閉症児の音楽的特徴を十分に把握したうえで、音楽に特化した発達スケールの標準化を図りたいと考えている――例えば、一定の年齢時にある音楽表現ができない（例：「4歳になって拍手ができない」「6歳時に言葉と簡単なリズム打ちが合わない」など）といったことから、発達の程度が判断できるのではないだろうか。

　本章では、音楽支援のあり方を検討し、より効果的なものとすべく、支援の結果として自閉症児に生じた行動の変容を「発達段階」に照らし合わせて評価する指標（プロセススケール）を作成し、その効用の検証を試みた。このプロセススケールの精度を高め、実用に耐えうるものとすることは将来の課題とせざるを得ないが、こうした指標を作成することの意義と意味は明らかになったと思われる。

註

(1) 子どもの音楽能力の発達検査としては、例えば、音楽心理研究所による「幼児向け音研式幼児音楽適性診断テスト」がある（真篠将・浜野政雄・茂木茂八『音研式幼児音楽適性診断テスト』日本文化科学社、1987年）。このテストは、音の強弱、リズム、高低、音色、和音、鑑賞など音楽要素の知覚能力を測る検査であり、子どものトータルな成長を知る発達検査ではない。また、発達検査としては、音楽療法士で精神科医の松井紀和による「音楽行動チェックリスト（MCL）」がある（松井紀和「音楽療法診断表」櫻林、前掲書、70-72頁）が、これが有効なのは、あくまでも障害の重い子どもを診断する指標としてである。保育における音楽活動の中で系統的な支援プログラムを作成する際に、保育者が自閉症児の音楽的発達と他者との関係を把握する指標としては、必ずしも十分であるとはいえない。
(2) マリー・アン・プラスキ（日名子太郎・監修／和久明生・訳）『ピアジェ理論の理解のために』東京同文書院、1986年、22-33頁。
(3) ドロシー・T・マクドナルド、ジェーン・M・サイモンズ（神原雅之・他訳）『音楽的成長と発達——誕生から6歳まで』渓水社、1999年、222-227頁。
(4) マイケル・タウト（Michael H. Thaut）は、リズムには予測性や様式を通じた時間構造があり、同調のメカニズムを経由して生理的で行動的機能を調節することができる、と指摘している（マイケル・タウト（三好恒明・他訳）『リズム，音楽，脳：神経学的音楽療法の科学的根拠と臨床応用』協同医書出版社、2006年、68頁）。A児の事例は、まさにその好例であろう。
(5) 例えば、「手拍子をする」活動がそうだが、これは他者の身体模倣である。「中度の自閉症児は年少・年中の頃の身体模倣を苦手としている」（宇佐川浩『感覚と運動の高次化による発達臨床の実際』、73頁）との専門家の指摘があるが、A児も例外ではないようだ。他者が行ったことを自分に置き換えて行う「身体模倣」は、対人関係の発達と関連しながら自己像の表現形態としてあらわれるため、この段階のA児には難しいことであったと考えられる。
(6) とくに自閉症児は、認知が比較的よく育っていても、共同注意、指さし、みたて遊びなどの表象機能の基礎を支える前言語機能に多くのつまずきを示す。とくに、要求のための指さしではなく、共有の指さし機能がうまく育たないとことばも育ちにくいようだ、と宇佐川浩は指摘する（宇佐川　同上、51頁）。
(7) 木村順『育てにくい子にはわけがある——感覚統合が教えてくれたもの』

大月書店、2006 年、83-88 頁。
(8)「歌唱は他者の言葉という情報を抽出し、保持した上でメロディの型やテンポ、口の動かし方などを検索、記憶する機能が求められる」(菅井邦明・佐藤鉱昭・久保山茂樹「音楽活動による障害児の言語行動形成の条件」『特殊教育学研究』(日本特殊教育学会) 第 35 巻第 5 号 (1998 年)、1-7 頁)。つまり、決して一人で完結する行動ではありえないのだ。

第4章

第4章

保育における音楽療法の視点による音楽活動の可能性

　本章では、第1章から第3章を踏まえて、保育の場での音楽療法の視点を活かした新たな実践に向けて、さらなる考察と提案を行う。

　まず、筆者が自閉症児のA児に行った実践を振り返りつつ、支援にとっていかに理想的な条件を整えていくべきか、という点を考察する。次いで、それを承けて新たな音楽活動の可能性を提案することにしたい。

1　条件の整備

　前章までは、筆者が自閉症のA児に対して行った音楽による支援活動について、いくつかの視点から論じてきた。それは概ね結果の報告と分析に終始するものだったが、ここでは視点を転じて、実践の具体的な条件について考察を行うことにしたい。これは、新たな実践の提案に向けての準備となるものである。

(1)　自閉症児が受け入れやすい環境づくり

　何よりも最初に考えるべきことは、自閉症児が受け入れやすい環境づ

くりである。もともと、他者とのコミュニケーションを苦手とする自閉症児であるため、支援者との最初の関係づくりが重要であり、ここで失敗すると後の支援が困難になることにつながる。それゆえ、初期の段階から抵抗なく子どもがすっと入っていけるような環境が求められる。また、その後も、子どもが落ち着いて活動に集中できるようにする意味でも、この「環境づくり」が欠かせない。

　自閉症児は、多くの情報に対して視点を定めることが困難であることが多く、興味・関心の幅も狭い場合が多い。音楽活動においても見通しをもつことが困難であったり、大きな音や金属的な音に不安を感じたりする場合もある。したがって、まわりのものに興味が分散しないように室内を整理するとともに、集中できる静かな環境づくりが大切である。

　そこで筆者は、Ａ児の状況を考慮したうえで、次のように環境を整えた。

　①個別の活動のために、教室内の片隅に畳を敷き、簡単な仕切りで囲い、視覚的にも他の刺激があまり入らないようにして、他の遊びと分離した「音楽コーナー」を設けた。

　②そのコーナーには机１つと種々の楽器のみを置くようにした（楽器については、次項で述べる）。

　自閉症児には聴覚過敏の子どもも多いことから、騒音の少ない環境を準備する必要があった。そして、コーナーはそのような環境設定としては万全であった。

　なお、このコーナーはある程度は区切られてはいるものの、完全に周りと隔絶しているわけではない。そして、Ａ児以外の幼児も自由に出入のすることが可能であった。というのも、最初はこのコーナーで活動をするものの、Ａ児には、いずれは集団の中に入っていけるようになってもらいたかったからである。過度に刺激を与えすぎてもいけないし、さりとて刺激がなさすぎるのもよくない。この点は、対象児の特性を見極めながら案配する必要があろう。

(2)「環境」としての楽器

　さて、場所の確保はできた。では、その中身に何を容れたのか——先に触れたように、楽器である。それは音楽活動のあり方を左右する、極めて重要な要素である（事実、このＡ児の場合にもそうだった）。そして、常にその場所に置かれてあるという意味で、この「楽器」も一つの「環境」をなすものだといっても差し支えない。

　音楽コーナーに置いた楽器は、次のとおり：カスタネット、タンブリン、トライアングル、マラカス、木製のカリンバ、ウッドブロック、音積み木、パドルドラム、メロディハープ、スプリングドラム、レインスティック、マルチトーンターン、カエルの形のギロ、トカゲの形のタンブリン、恐竜の形のささら、——この15種類である。あえて、日頃よく園で用いられている「なじみの」もの（最初の４個）と、逆に「珍しい」もの（後の11個）を用意してみた。どちらにでも対応できるようにするためである。

　はたして、Ａ児は「なじみの」楽器にはほとんど興味を示さなかった。そして、カリンバという民族楽器の音色に興味をもち、それに集中する時間が長くなり、他者との交互奏に発展するきっかけとなった。Ａ児がカリンバを選んだ理由は一考に価する。というのも、別な実践でも活かせる点があるかもしれないからだ。ここで考えられるのは、①操作が平易　②音が好ましかった　③操作の感触が心地よい、の３点である。まず、「指でキーをはじくだけ」のカリンバは、先に挙げた15種類の楽器の中では、もっとも操作が平易である。しかも、その割には音質が安定している（この２点は、次の１節(3)でも重要な点となる）。弾いた際に指先に伝わる振動もなかなか面白い。少なくとも、Ａ児がこのカリンバの音色や弾く感触を楽しむ様子が見られたのは確かである（それが、「珍しさ」のゆえんかは不明であるが）。だからこそ、この楽器に長時間集中できたのであろう。

　ところで、自由な遊びの時間帯に、さまざまな音が鳴る楽器をこの音

楽コーナーに並べておくと、他の子どもたちがやってきて、次々に音色を確かめて遊ぶ。その後、楽器に興味をもった子どもたちは、自然にリズムを作り出して遊ぶようになる。そこに音楽で結ばれた一つの集団ができあがるのである。[1]まさに、楽器を「環境」の一つとみなすゆえんである。そして、A児もまた、この「環境」の中で変容を遂げていったのである。

(3) 自閉症児にとって揃えたい楽器

ここではA児の事例から一旦離れて、こうした実践ではどのような楽器を用いるのが好ましいのか、という問題を考えてみたい。

ちなみに、音楽療法ではアジア・アフリカの民族楽器のように、自然の素材を用いて素朴な音が出る楽器や、弾き手が触覚刺激として振動を心地よく味わえる楽器を用いることが多い（A児の場合も、形態が玩具のように面白く、音色に個性があるマルチトーンターンや恐竜の顔面の付いたささらなど、民族楽器を好む様子が見られた）。音楽療法では、対象となる子どもがどのような音色や楽器を好み、また反対に嫌がるのかを最初に判定する。セラピストはそれらの結果を踏まえて、個々に目標を設定したうえでセッションを行うが、感覚が過敏な子どもには十分に配慮して、触覚、聴覚、視覚の面から有効な楽器を選択することになる。当然、音楽療法の視点を活かした保育でも、こうしたやり方は踏襲されるべきものである。

そうした楽器の「音」の質の問題と並んで重要なのが、楽器の扱いやすさ、操作の平易さである。例えば、保育の場でよく用いられるカスタネットやタンブリンのようなものだと、左手で楽器を持ち右手で叩くために、持ち手が安定している必要があることや、両手の動作が異なることから、発達初期段階の子どもには操作が決してやさしいとはいえない。発達初期段階の子どもにとっては、カリンバのように両手で同じ操作ができる楽器、または片手だけで鳴らせるマラカスなどの楽器の方が取り組みやすいだろう（事実、A児は最初にカリンバを選んでいる。また、

第3章で取り上げたB児は、最初はトライアングルを持て余している）。なお、「音」と「操作の平易さ」の両方の点で、打楽器の「バチ」の問題も見逃せない。まず、バチは材質や太さによって様々に音色が変わるため、いろいろな種類のバチを準備しておくと、子どもは好みの音を試して、楽しめる（視覚的に色彩鮮やかなバチもあり、子どもの興味を引き出すのに役立つといえる）。また、とくに手の力が弱い幼児期には、素手で叩くよりバチを用いた方がはっきりとした音が出せる場合もある。

　次に、実際に「使える」楽器を、いくつか紹介しておきたい。

　2人以上で交互奏を行うときには、ハンドドラム（写真4-1）が便利である。ドラムに長い持ち柄がついているため、保育者がいろいろな方向の子どもの前に差し出すことができる楽器だ。また、メロディハープ、カリンバ、スプリングドラム（写真4-1）など、指先ではじいて音を出す楽器は、振動刺激を指先で感じられるとともに、弦が振動している間中、音が響くため、子どもの興味を惹きやすく、集中して取り組むことができる楽器である。また、レインスティック（写真4-1）でも、中に多数入っている種が棘に当たりながら落ちていく音と振動感覚を感じることができる。木の温もりを感じられ、しかも、カラカラと予想しないような音がするマルチトーンターン（写真4-1）や、子ども用のギロなども、音が長く続くため、子どもが好んで熱心に取り組む楽器である。また、見た目が面白い、カエルの形状のギロ、トカゲの形状をしたタンブリン、恐竜の形状の「ささら」などの楽器（写真4-1）にも、子どもは興味を惹かれるようである。

　ツリーチャイムも、きらきらと輝く外観や、指で軽く触るだけでサラサラとした音が鳴るなど、子どもの注目を惹きやすい楽器である。

　しかしながら、如何に興味を惹く楽器といっても、やがて、成長とともに、ドラムのような単一的な音だけでは子どもは満足できなくなるときがくる。例えば、木琴やピアノのように音階がある楽器にも次第に興味を示すようになり、知っている歌を楽器の音で弾くことを楽しむよう

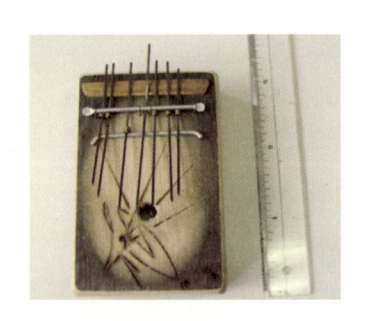

カリンバ

ハンドドラム

スプリングドラム

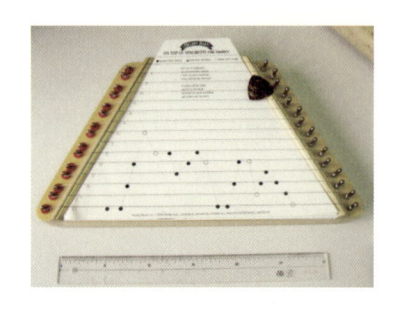

メロディーハープ

マルチトーンターン

子ども用ギロ

写真4－1　音楽療法的活動に適した楽器

第 4 章　保育における音楽療法の視点による音楽活動の可能性　　167

カエルギロ　　　　　　　　インドネシアトカゲタンブリン

恐竜形ささら

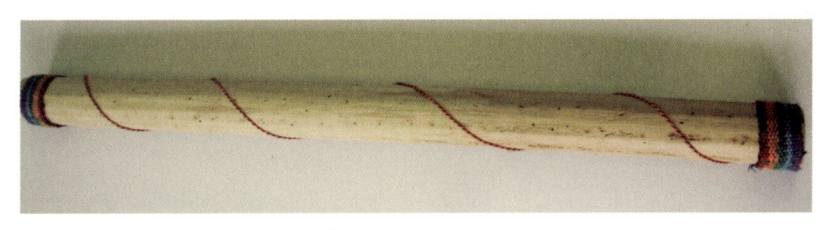

レインスティック

になる。つまり、楽器の選択は、「この点さえ押さえておけば大丈夫」などといったものではない。あくまでも、(第2章で論じたように) それをどういう目的のために用いるのかという点も含めて、あくまでも活動の主体となる子どものあり方に応じて決まるものなのである。

(4) ふさわしい歌唱教材

次に、音楽活動のもう一つの柱となる「歌」のことを考えてみよう。楽器同様、歌の教材も、対象児の適性や現状、そして、支援の目標に応じて選ばれるべきである。では、具体的にどのような点に着目すべきなのだろうか。

例えば、A児の実践で用いられた〈数字の歌〉や〈やさいの音楽会〉の曲の共通点は、リズム・オスティナート（同じリズムの繰り返し）である。〈数字の歌〉のフレーズ前半では、歌詞の数字が変化するだけで、同じリズムと歌詞が繰り返される。フレーズ後半の歌詞は異なるものの、すべて付点の軽快なリズムであり、メロディは概ね順次進行であるため、なめらかで歌いやすい。

次に、A児が興味を示した曲について、リズムの観点から分析する。

① 〈やさいの音楽会〉

やさいの音楽会

小川　正　作詞
谷村　宏子　補作

きゅうりが キュキュキュ　トマトが トントントン

キャベツが キャキャキャ　れんこんが コンコンコン

第4章　保育における音楽療法の視点による音楽活動の可能性　　169

♪「タンタンターンタ・タンタンタンウン」という付点と4分音符のリズムが4回繰り返され、リズムオスティナートの典型的な例といえる。

　最後の楽節のみ付点のリズムが8分音符になり、曲の終止を感じる。

　同音で4分音符が3回続くリズムが4回繰り返され、この部分が強調されている。

4/4拍子　8小節の曲　ハ長調

② 〈こぶたぬきつねこ〉

こぶたぬきつねこ

山本直純　作詞・作曲

♪弱起の曲である。

　2拍音符の後に2拍休符という交互唱がしやすいリズム構成になっている。

　「タッカタン」という付点と4分音符の楽節が3回繰り返された後に、4分音符2個で半終止となる。このフレーズは、2回繰り返される。

　歌詞は、動物の名前と鳴き声だけでシンプルである。

4/4拍子　8小節の曲　ニ長調

③〈おつかいありさん〉

おつかいありさん

関根栄一　作詞
團伊玖磨　作曲

あんまりいそいでごっつんこ
ありさんとありさんとごっつんこ
あっちいってちょんちょんこっちいってちょん

♪音型は多少異なるものの、ほとんどが付点のリズムからなっている。
2拍子系の軽快な曲である。
「タッカ」の付点のリズムが6回繰り返された後に4分音符が続き1フレーズとなっている。このフレーズが2回繰り返される。
次の9小節目からは、短い休符のある躍動的な付点と4分音符のリズムが、2回繰り返される。
2/4拍子12小節の曲　ニ長調

第4章　保育における音楽療法の視点による音楽活動の可能性　171

④〈ロンドン橋〉

ロンドン橋

イギリス曲
高田三九三　訳詞

ロン ドン ばし が　おちる　　おちる　　おちる
ロン ドン ばし が　おちる　　さあ どう　しま しょう

♪「ターンタ・タンタン」というリズムの後に、「タンタンターン」という安定したリズムが3回繰り返される。この4分音符2拍と2分音符1拍のリズムは、年少の子どもにも受け入れられやすい。

　5小節目に最初の動機の楽節が再度あらわれ、その後に2分音符が3回続き、ゆっくりなりながら終止をむかえる。

2/2拍子 8小節の曲　ニ長調

⑤〈バスバスはしる〉

バスバスはしる

宮中ちどり　作詞
外　国　曲

[楽譜]

バス バス はしる　バス バス はやい
みどりの トンネル ぬけて いく

♪ほとんどが4分音符という単純なリズムの構成となっている。

　5小節目に「ターンタ」という付点のリズムが、1回あらわれるだけである。

　前半は、7拍の音符と1拍の休符が2回繰り返されている。とくに2小節目と4小節目は同音であるため、「タンタンタン」のリズムが強調されている。この部分に手拍子や身体表現をつけることが容易である。

　6小節目から4分音符が続き、2分音符で終止となる。

4/4拍子 8小節の曲　ハ長調

以上①から⑤まで5曲についての共通点についてまとめてみる。

　まず拍子については、すべて2拍子系の曲である。これは、手拍子をつけることも容易にできる曲といえる。また、「歩く」または「走る」といった動作がつけやすく、子どもは拍感を感じやすい。

　小節数は、8小節または12小節と比較的短い曲であるため、年少児も覚えやすい。

　リズムの構成について①④⑤は、2小節が1フレーズとなり、最後の8拍目が休符になっている。このような短いリズムフレーズは、年少児

にとっても把握しやすいと同時に、息継ぎの観点からも歌いやすい。

　②は交互唱が可能なため、言葉を促すうえにおいても有効なリズムといえる。

　③については、ほとんどが付点のリズムであるため、スキップにも使える躍動的な曲でもある。

　これらの曲は同じリズムの繰り返し（オスティナート）や歌詞に擬音が多く用いられ、発達初期の幼児に受け入れられやすい。また、曲の題材が、「野菜、動物、虫、橋、乗り物」と幼児にとって身近なものであるため、イメージしながら歌うことができる。さらに、リズムの構成が単純なため、身体表現や楽器演奏につなげることも容易にできる。

　このように、リズムの構成や歌詞が幼児にとって理解しやすい曲を用いることで、「できる」「楽しい」という自信につながる。また、アレンジや替え歌など、歌を応用しながら遊びに使うことができやすい。

　ともあれ、A児に限らず、自閉症児にとって、構成が明確な歌は安心して受け止めることができるものであり（「自分にも歌える！」）、そのことが他者との活動への参加意欲をも生むのだといえる。さらに、自発的な参加意欲が、記憶力や表現力を伸ばすことにもなる。A児は楽器や動きによる自己表現ができるようになると同時に、替え歌を試みるなど、表現への意欲の高まりを見せている。このような理由から、まずは、「リズムが単純で、繰り返しを多く含む曲を選ぶ」ことを、一つの重要な点として指摘したい。

　とはいえ、「歌」である以上、当然、言葉が関わってくる。この点について、「言葉によるコミュニケーションが困難な自閉症児であっても、リズムやメロディの機能に言葉をマッチさせることにより明確な言葉が出始めることがある」と堀田喜久雄は指摘する。しかし、実際のところ、自閉症児の場合、歌を自発的に歌わなかったり、歌うことができなかったりすることが少なくない。そこで、そうした子どもに歌わせるには、何らかの工夫が必要となる。

もっとも、こういうと、「それならば、無理に歌わせなくともいいのではないか」との反論が出てくるかもしれない。だが、コミュニケーションの発達に問題を抱えている自閉症児だからこそ、逆に積極的に「歌う」活動を行わせたいところなのである。例えば、そのことをボクシルはこう説く。「歌うという行為は内部感覚を刺激し、身体的・情動的・精神的な覚識を呼び起こし、それは、話すことや理解力、精神と身体の統合への道となる[3]」と。つまり、歌うことは、体内のあらゆる感覚を刺激し活性化させるとともに、認知の発達、話すことの促進、自己の認識へと通じていく大切な活動の一つといえるのである。

それだけに、歌詞の点でも、「選曲」というものが極めて重要になってくる。幼児向けの歌の中には、子どもの発達を考慮していないものもあるが[4]、わらべうたのように発達の初期段階の子どもに適している歌も少なくない。また、保育で多く用いられる歌遊びの中には、初期の言語機能を促すような教材が多い[5]。いずれにせよ、一つの条件としてはずせないのは、リズム同様、歌詞も心身両面で「歌いやすい」ものである必要がある、ということである――言葉が発音しやすいとか、発音自体が面白いとか、あるいは、日々の生活の中で親しみのある語彙が用いられているとか――この点で、先に挙げた〈やさいの音楽会〉は、なじみのある野菜の名や擬音を歌詞に含み、年少の子どもにとっても歌いやすく、親しみやすい優れた教材だといえる。

そこで保育者は、日本語の抑揚を重視した軽快なリズムの歌、擬音の繰り返しがリズミカルに含まれている歌、歌詞が子どもの生活や遊びと結びついている歌などを選曲することが大切である。また、わらべうた遊びなど、歌いながら身体を動かす遊びは発達年齢に関係なく参加できることから、知っておくと便利だろう。音域については、高すぎる音程や低すぎる音程の曲は歌いにくいため、幼児期の子どもの声域を考慮した選曲が保育者に望まれる。とはいえ、多少複雑なリズムでも子どもは楽しんでリズムにのることができる場合もある。また、話し言葉が歌詞になっているような歌や、擬音の多い歌は、障害のある子どもも表現し

やすい。

なお、「選曲」自体とは関係ないが、付言しておきたいことがある。それは、視覚優位の自閉症児の場合には、視覚刺激として歌の内容に即した絵や歌詞を見せることで、歌への興味や理解を深めることができる、ということだ。例えば、それまで歌への関心がほとんどなく、「うた、きらい」を公言していたA児であるが、視覚教材とともに〈数字の歌〉〈やさいの音楽会〉を何度も歌いかけることで、A児から歌声が聴かれるようになった。しかも、その歌声は、日頃のおっとりと話すときの声に比べて明瞭であったというわけで、このように視覚的な情報をうまく用いれば、選曲の幅も広がり、うまく子どもを他児と共に「歌う」ことへと導ける可能性がある。

(5) 保育者・支援者の態度・構え

これまで、「環境」「楽器」「歌」と、自閉症児を支援する実践について、具体的な条件を考察してきたが、最後に考える（そして、もっとも重要な）のは、保育者や支援者の態度・構えの問題である。

筆者がまず心がけたのは、A児の気持ちを圧迫せず、「共にいる人」という姿勢を保つことである。いいかえれば、結果を期待して「何かをさせる」ということはできるだけ避けるようにした。A児の傍で筆者は楽器で楽しそうに遊んだり、楽器遊びの音を模倣したりするなど、A児の表現すべてを受け止めるよう努めたのである。

こうした態度を筆者がとるにあたり、導きの糸となったのは、もちろん、音楽療法士の姿勢である。この点について、例えば山松質文はこう述べる。すなわち、「対象児は尊重される存在であるという実感をもつことによって、相手をそのまま受け入れ、相手の動きにしたがって積極的に働きかける」[6]というのが、音楽療法士のとるべき姿勢だと。同じことを、ゲルトルート・オルフも言う。すなわち、「子どもの内面に押しつけることなく、いかに分け入るかがセラピストの課題である」と。またさらに、「注意深く子どもとかかわり、子どもとの接近点を敏感に察

知しなくてはならない」とも(7)。そして、このような受容の姿勢が、子どもとの信頼関係を築くとともに、子どもがありのままに表現することを可能にし、自己実現を通して新たな自己を発見する可能性を開く。子どもは自己実現によって、情動の発散、自己肯定感、満足感、達成感など情緒面が刺激され、新しい可能性と出会うきっかけをつかむ。音楽療法が行っているのは、そうした場を提供することなのであり、筆者もその点を肝に銘じている。

　では、もう少し具体的な問題に話を進めたい。まず、個々に障害が異なる障害児に対する支援のあり方を考える際には、子どもが現在、どのような発達レベルであるのかを、保育者は正確に把握している必要がある。そして、それには、認知、情動、運動、対人関係についての発達的視点をもつことが欠かせない。この点を、宇佐川浩は、次のように説明する(8)。つまり、①行動を肯定的にとらえつつ発達的意味を考える　②発達の水準を理解する　③発達の個人内差を全体的に理解する　④発達支援の基礎にあるものとして外界志向性と自己調節性の重要性がある――この４点である。ここでは保育者は、子どもの現在の発達状況を肯定的に理解し、子どもがどのように外界と折り合いをつけて能動的に行動をおこすかを見極めることが求められている。自閉症児の場合には、とくに新しい事態を学習することに慣れておらず、外界を受け入れるのに時間を要する。そこで、保育者は、子どもの音楽への興味、好む音と好まない音、身体表現、楽器活動など、音楽活動における子どもの様子を全般的に観察し、これらの正確な評価にもとづいて個別の目標を設定し、具体的な音楽活動の内容と環境設定について考えねばならない。このように個別の目標を設定し、その活動を評価していくことは、幼稚園における個別の指導計画の作成の際にも有効となるだろう。

　次に問題となるのは、自閉症児といかにコミュニケーションをとるかということである。そもそも、コミュニケーション、とりわけ言語によるやり取りを不得手とする子どもだけに、保育者の側としても、いろいろと工夫が必要になるところである。その点で参考になるのが、自閉症

児がかかわり手のどのような発語に対して応答するかを明らかにしている、廣澤満之と田中真理の研究である[9]。それによると、自閉症児は指示的言語（指示・要求、制止、質問、聞き返し、注意の喚起）には応答することが少ないのに対して、非指示的言語（子どもの言葉をそのまま真似て返すモニタリング、子どもの行動や気持ちを言語化するパラレル・トークなど）に対してはよく応答するようである。この結果から、無理に言葉に頼らずに、子どもが受け止めやすいところから保育者はコミュニケーションを図るようにするのがよいことになる。子どもの特徴的な振る舞いを保育者が真似るだけでも、それは一つのメッセージとなり、子どもが反応を示すことにつながる[10]。そして、こうした土台の上に、少しずつ言語コミュニケーションも交えていけばよいのである。

ただし焦らずに、まずは、子どもの興味・関心に合わせるかたちで発話を行うべきである。とりわけ、ごく狭いところに興味・関心を向けがちな自閉症児が相手があれば、なおさらのことである。だが、それだけに、その限定された子どもの世界に保育者が合わせる——言い換えれば、子どもの現状を肯定的に受け入れつつ、対応する——ことで、最初は難しかった会話でのやり取りも次第にできるようになってくる場合もある（そのことは、筆者がこれまでに示した事例からも明らかだろう）。

同じことは、子どもの音楽活動についてもいえる。例えば、楽器の操作などにおいて、子どもはしばしば、音楽のあり方や周囲の状況を度外し、思うがままに振る舞う。だが、これもやはり、保育者はまずは肯定的に受け止める必要がある。そのうえで、交互奏をしたり、その他の適切な刺激を与えたりすることによって、子どもを少しずつ落ち着かせ、音楽そのものや他者との関係に目を向けさせるようにするべきだろう。そして、この点がうまくいけば、言語コミュニケーションと同様、子どもの音楽活動も広がりを見せるようになるはずである。もちろんその場合にも、保育者には、その都度の状況に応じて柔軟に対応することが求められよう。

2 音楽活動による支援に向けての提案

　以上、保育者が自閉症児に音楽活動の支援を行う際、予め整備しておくべき諸条件について述べてきた。そこで次は、具体的な音楽活動のあり方について、いくつか提案することにしたい。もちろん、一口に音楽活動といっても、実にさまざまな可能性があろう。それゆえ、ここではその目的として、次の点に的を絞ることにする。すなわち、①運動調節②模倣能力の向上——この２点である。音楽活動が自閉症児にもたらしうる利点として、何よりもこれらが重要だと考えられるからである。

(1) 運動調節を目的とした音楽活動

　１つめは「運動調節」である。この点を重視するのは、それを子どもが意識的に行えるようになることが、気持ちの面でも外界——つまり、自閉症児にとって、なかなかうまく関係が結べないところ——へ向かう姿勢を整えることにつながるからである。[11]運動を調節する中で子どもは外界を認識し、関係を模索することとなる。完全に自由になるのではなく、いろいろと縛りのある外界に対して、まずは身体から馴染んでいくわけだ。そして、この面で音楽は大いに効果が期待できる。

　音楽それ自体の中にも運動の要素は含まれてはいるが、まずは、他の運動と音楽を結びつけることから始めるのがよいだろう。例えば、トランポリンのように、跳ぶことが目的の教具は自閉症児にも扱いやすい（のみならず、情動を発散させることや身体のバランス感覚を養うなど、運動面とともに心理面の発達にも役立つ）が、こうしたものに音楽を組み合わせることができる。なお、このトランポリンは、あくまでも一例にすぎない。普段の遊戯の中でも、運動と音楽の組み合せはいくらでも行える。例えば「ゴー・ストップ・ゲーム」。音楽が流れると歩き、音楽が消えると身体の動きも止めるという遊びのようなものであれば、子どもの参加はより容易となろう。

第4章　保育における音楽療法の視点による音楽活動の可能性　179

　そのとき、子どもの動きに保育者が音楽を合わせることが肝要になる。例えば、トランポリンでは、跳ぶテンポに合わせ、足が着地する時点で保育者がタンブリンを叩いたり、ピアノで和音をつけたりする、あるいは、子どもが強く足を蹴っているときには楽器の音も大きくし、足の蹴りが弱いときには楽器音を小さくする、といった具合である。こうすると、そのうち子どもは自分の跳ぶ動きと音が一体化していることに気づくようになる。それは、子どもが自身の運動のあり方を認識するきっかけになるとともに、他者を意識することにもつながっていくのである。しかも、初めは音楽の方に合わせてもらっていた子どもも、自分が動くことに慣れて余裕が出てくると、やがて音楽に合わせた動きができるようになってくる。それが楽しく感じられるようにもなる。事実、積極的に自分から他者の動きや音楽に合わせるようになってくる。
　ここで、再び筆者のA児との実践例から、未紹介のエピソードを挙げておきたい。あるときA児が園内でスキップを楽しむ様子を見て、筆者はそのさまを即興で歌にした。そして、その後も同様な場面で繰り返し歌ったところ、A児はこの歌を聴くと大きなスキップとケンパーに近い足の動作を行うようになった。すなわち、スキップという動きと音楽がA児の中で結びつき、自分から音楽に合わせることができるようになったといえる。
　ちなみに、その即興の歌〈スキップ　ジャンケン〉（譜例）をA児は筆者の個別支援の中で好んだが、のちのクラス活動の中でも活用されることとなる。
　筆者が個別支援を終えたのち、A児は年長クラスに進級する。その担当者が、クラス活動の一環で創作劇を行うことになったとき、その中でA児の得意とするスキップのリズム表現を劇中に活かすことを考えられた。そして、A児が活躍できる表現の場面をストーリーの中に作り、まさにそこで〈スキップ　ジャンケン〉を用いられたのである。本番では、A児はスキップをしながら地面に小枝をさしていく場面を生き生きとした表現でこなした。すなわち、かなりの経過をたどったとはいえ、A

スキップ ジャンケン

谷村 宏子 作詞・作曲

児は音楽に合わせて自身の運動を調節し、それを他者とのかかわりの中できちんと表現できるまでになったのである。[12]「運動調節」を目的とした音楽活動の有効性を裏付ける1つのエピソードだと言えよう。

(2) 模倣能力の向上を目的とした音楽活動

2つめは「模倣能力の向上」である。なぜ、「模倣」がここで問題となるかといえば、自閉症児は他者の動作や言葉を模倣するのが苦手であり、そのことがしばしば発達を妨げることにつながるからである。幼児の場合、そうした模倣をし、あるいはされることで、仲間意識が芽生える。また、自分の表現方法の幅を広げるなど、模倣能力を獲得することは人格形成においても大切なことである。それだけに、模倣を苦手とする自閉症児には、その能力を促進させることが必要となる。[13] さらにいえば、模倣の力がつくということは、他者に合わせようとする力が芽生え、認知的な弁別の能力や目と手の協応性など調節力が育ってくることでも

あり、いずれも自閉症児にとって重要な課題である。そして、音楽はここでも力を発揮する。つまり、いわば音楽活動という一つの「遊び」の中で、模倣の能力を育てられるからだ。心地よい音楽には、動きや歌唱などを誘発する作用があり、自閉症児の模倣を促す機能を果たす音楽の力は大きいといえる。

　例えばこういうことがあった。あるとき、A児が2つのマラカスを持ち、机の上に立てるようにして鳴らしていたので、「おもしろいね」と筆者がA児の様子を真似てみたのである。次にA児がマラカスを思いっきり振ったときも同様に真似た。だが、このとき筆者は続いて2つのマラカスを打ち合わせた。すると、今度はA児が同じようにマラカスを打ち合わせ始めた。つまり、筆者の行動がA児の模倣を引き出したのである。これはおそらく、マラカスで十分遊んだ後に、この楽器の面白さを味わっていたことによるものだろう。

　ということは、何よりもまず大切なのは、子どもを「その気にさせる」ということである。他者の音楽なり、音楽と結びついた動作なりを、「自分も真似したい」と思わせなければいけない。模倣が苦手な子どもの場合はとくに、「その気にさせる」ことに注意を払う。その際、モデルとなるものが魅力的である必要があるのは言うまでもなかろう。その点で、音楽というのは応用がきく都合のよいものだが、それでもなおかつ、子どもの興味のありように応じて、保育者が適切な教材を提示することは、模倣行動を引き出すために、必要不可欠である（この点は、前節でも論じた）。

　だが、もう1つ重要な点がある。それは、模倣行動自体に対する動機付けである。この点に関しては、小野里美帆の興味深い研究がある[14]。それによると、自閉症児は自分が動作模倣を行うよりも先に、自己の動作を他者が模倣する（言い換えれば、自己の動作が他者に影響を及ぼしている）ことに対して関心を抱く、という説である。つまり、そうした他者による模倣行動（それはおそらく、自分の行動が他者に受け入れられている、との感じをも自閉症児に与えていよう）が、自閉症児の模倣行

動をいわば後押ししている、というわけである。このように、保育者は模倣のモデルになるだけではなく、それに先んじて、自分が子どもを積極的に模倣することが望ましい。音楽の場合、子どもの音楽行動を保育者が模倣することはもちろん、動作に既存の音楽を合わせることや即興的に音楽をつける「同期」も広義の「模倣」であるから、いろいろな手法で行うとよいだろう（事実、A児にはこれはとても効果的だった）。

次に大切なのは、模倣のモデルの示し方である。子どもに意欲が生まれたとしても、そう簡単に模倣ができるとは限らない。むしろ、すんなりとはいかないとみるべきだろう。そこで、必要に応じて、子どもが模倣しやすいようにモデルを示す工夫が必要となる。例えば、歌や楽器演奏、あるいは音楽に合わせた動作を模倣させるときに、子どもの反応に注意しつつ、保育者がゆっくりと丁寧に、場合によっては適宜繰り返して歌い、楽器を演奏し、動作を示すなどするとよい。また、すでに何度か述べたことだが、歌の歌詞や音楽の要素を視覚的な教材で図示するのも効果的である。そして、新しい事柄に対してとまどいがちな自閉症児だけに、既知の事柄やイメージに訴えるのも一つの手段であろう。例えば、音楽に合わせて動作模倣を行う際に、お馴染みの動物の動きをイメージさせる、などである。

しかしながら、どれだけ十分な働きかけをしたとしても、自閉症児がある音楽なり、それに結びついた動きなりを即座に模倣するというのは、なかなか難しいことである。それだけに、例えば動作を伴った歌遊びでは、保育者を模倣することが中心の活動になるが、幼児には動作模倣と音声模倣を同時に行うことが困難な場合もあり、初期にはどちらか一方になることが多い。また、歌や演奏の模倣でも、少し複雑になれば、そうそう最初からうまくできるものではない。それだけに、保育者は焦らずに子どもの行動を見守り、励ます必要があろう。と同時に、実際の場面では子どもへの種々の配慮が必要となろう。

仮に子どもが音楽やそれに合わせた動きをうまく模倣できない場合には、何よりも「リズム」の模倣を優先すべきである。他の要素の模倣は、

この際、後回しにしてもよい。これには3つの理由がある。
　①この模倣にせよ、あるいは、先の運動調節にせよ、その根幹をなすのが身体動作の内にあるリズムである。
　②子どもにとっては、音楽の諸要素のうちでリズムがもっとも模倣しやすい[16]。
　③音楽のもつリズムの機能を活かして障害児の感覚運動面での問題が改善できることは、音楽療法において実証されている[17]。
　以上の理由から、簡単なリズムの模倣から始めて、じっくりとその活動を応用させながら、次第により複雑なものへとステップ・アップしていくように支援していくことが大切である[18]。そして、その過程で音楽の他の要素も適宜加味していくことが、一度にすべてを模倣させようとするよりも効果的である。

　本章では、先立つ3つの章を踏まえて、音楽療法の視点による保育実践の新たな可能性について論じてきた。もちろん、それは必ずしも十分なものではないが、今後、この問題を考え、実践していくうえでの一つの材料にはなったと考える。筆者自身もこれから、さらなる試行錯誤を重ね、少しでも前に進めたらと思う。

註

(1) A児のクラスでは、このような自由な楽器遊びの中で、音楽に精通している子どもがリーダーになり、楽器を触りたい仲間が7人まとまる様子が見られた。彼らは、机の上に7つの楽器を並べておき、1フレーズごとに右隣の楽器に移動しながら演奏するというふうにして、打楽器のアンサンブルを楽しんでいた。また、歌いながら楽器演奏を楽しんでいた女子数名のグループが、「リズム打ちに伴奏をつけて欲しい」と保育者に頼むということもあった。
(2) 堀田喜久雄『「言葉遊び歌」が発語を促す』明治図書、1992年、51-2頁。
(3) ボクシル、前掲書、43-4頁。
(4) 小学1年生の音楽科の教科書に掲載されている歌唱教材と比べて、幼稚園で歌われる曲の方が長いものや、音域が広いために幼児にとって歌いにくいものある。ちなみに、幼稚園で歌われている曲の中には、小学1年生から4年生の音楽科の共通教材と同じ曲が多数ある。例えば、〈うみ〉〈かたつむり〉〈ひらいたひらいた〉〈かくれんぼ〉〈虫のこえ〉〈夕やけこやけ〉〈もみじ〉などである。子どもにとっては同じ歌を、幼児期と児童期に歌うことになるため、最初の歌との出会いを大切に考える必要があるだろう。
(5) 例えば、菅井邦明・佐藤鉱昭・久保田茂樹によれば、遊び歌〈げんこつやま〉は、歌詞・動作にある言語・日常動作が自分の頭に記憶している音声言語や動作の概念と対応しやすいために、〈むすんでひらいて〉よりも小さい子どもがのりやすい、とのことだ(「音楽活動による障害児の言語行動形成の条件」1-7頁)。
(6) 山松質史著「自閉症児とのふれあい――山松方式によるミュージック・セラピィ」櫻林仁(監修)『音楽療法研究――第一線からの報告』音楽之友社、1996年、246頁。
(7) ゲルトルート・オルフ(Gertrud Orff)(丸山忠璋訳)『オルフ=ムジークテラピィ――活動的音楽療法による発達援助』明治図書出版、1992年、76頁。
(8) 宇佐川浩『障害児の発達臨床Ⅰ――感覚と運動の高次化からみた子ども理解』学苑社、2007年、29-42頁。
(9) 廣澤満之・田中真理「非慣用的言語を多用する自閉性障害児に対するかかわり手の発語の分析――かかわり手による非慣用的言語の理解変容過程との関係」『特殊教育学研究』(日本特殊教育学会)第45巻第5号(2008年)、247頁。
(10) 神野秀雄「ある自閉症児のエコラリアに関する一考察―― 16年間にわ

たるプレイセラピーを通して」『治療教育学研究』（愛知教育大学障害児治療教育センター）第14輯（1993年）、1-19頁。ここで神野が挙げるエピソードは、CMの言葉を繰り返す子どもの真似をしたところ、子どもが喜びを示した、というものである。
(11) 宇佐川浩『感覚と運動の高次化による発達臨床の実際』学苑社、2007年、119-124頁。
(12) ちなみに、それ以外にも、音楽に敏感で独自の表現ができるA児は、マンモスが登場する場面でもティンパニーによるリズミカルな演奏を行うなど、その音楽表現は他児からも賞賛され、自信を得たようだ。クラスの担当者によれば、A児の保護者もこうした我が子の成長ぶりを大変喜んだ、とのことだ。
(13) 「幼児期の発達臨床において、模倣が未完成にある子どもが、療育によって徐々に模倣能力が育つことは重要なことである」（宇佐川浩『感覚と運動の高次化による発達臨床の実際』、25頁）。
(14) 小野里美帆「自閉症幼児に対する共同行為を通した動作模倣の支援――関わりの持ちにくい子どもとの遊びの促進に向けて」『洗足論叢』（洗足学園音楽大学）第33号（2004年）、79-87頁。
(15) 「模倣が苦手な自閉症児にとっては、人のモデルより動かない絵カードをみて模倣する方が産出しやすい。その理由として、絵は背景から模倣モデルが浮き出ており、図とその他の面がはっきり区別され、なおかつ静止画像であることに利点があるからである」（宇佐川浩『感覚と運動の高次化による発達臨床の実際』、44-45頁）。つまり、自閉症児は見分ける力に問題があるため、人が行う連続的な動作を見て真似ることは困難であるが、静止画として動作の順番が描かれている絵を見る方が、簡単に理解できる、ということである。
(16) 例えば、次のものを参照されたい。ライダー Rider,M.S.（1977）はこう指摘する。「音楽スキルの獲得を調査したところ、音楽構成要素の保存が、最初にリズム、次に音量やテンポの順で発展することを見出した。」（ドロシー・T・マクドナルド、ジェーン・M・サイモンズ〈神原雅之・他訳〉『音楽的成長と発達――誕生から6歳まで』渓水社、1999年、142頁）。
(17) 村井靖児、前掲書、70-71頁。
(18) 柘植雅義『特別な配慮の必要な子どもへの具体的指導内容と支援策』明治図書、2008年、14頁。

附　論

附　論

省察と展望

　本書を読み直してみると、筆者自身の力量不足を感じる。また書き落としたり書き足りなかったりした点も多々ある。
　この附論では、とくに本編で十分に述べることのできなかった点について補足的に論述することにする。

1　音楽療法と保育の相互補完的関係

　「普通の保育の場に音楽療法の視点を取り入れる」という考え方は、音楽療法の都合のよい部分だけを取り出して、いわば「よいとこ取り」をしようとするものではない。
　音楽療法には音楽療法の、そして保育には保育の役割がある。また一方にはできて一方にはできないことがある。さらには、一方にはあって一方にはない長所や短所がある。それは、当然のことである。本論では、音楽療法の考え方や実践を保育の場に取り入れることの有効性とその具体的な方法について、論じてきた。しかし、それとは逆に、保育の場だからこそできて、それが音楽療法にとってもプラスになるようなことも

あるはずである。

　音楽療法の場は、日常の生活から切り離され、いろいろな面で配慮された特殊な場である。したがって、そこに参加する子どもは、日常では体験できない濃密な時間を過ごすことになる。そして、その中で新たな能力を身につけ、それまでは隠れていた資質を開花させることにもなる。

　しかし、「特殊な場」であるために、子どもがそのような場では好ましい振る舞いができても、日常生活に戻るとその成果が見えなくなることも全くないわけではない。その理由の一つは、当然のことではあるが、日常生活の場が音楽療法の場のように配慮された場ではないことであろう。そしてもう一つの理由は、能力がある程度定着するに至るまでの行為や活動の反復が不足するということであろう。もちろんこの点は音楽療法そのものの弱点ではない。

　それに対して、子どもにとっての保育の場は、紛れもなく、昨日、今日、そして明日と続く日常生活の一コマである。したがって、そのような場での音楽療法の視点に立った活動には、その日常の環境のもつ人と物の両面での制約が伴う。時には特殊な場面を設定することは決して不可能ではないにしても、あくまでもそれは「日常の中での、ごく限られた非日常の場面」たらざるを得ない。

　しかし、そのような普通の――すなわち周りに自分と同じ子どもがいて、その人間関係で織りなされた――場であるために、そこで子どもにできた事柄――それには、「特殊な場」におけるよりもはるかに多大な時間と労力が費やされることになるだろうし、失敗も少なくないであろう――は、確実な能力として定着するのではないだろうか。そして、そのことが、子どもの日常生活のあり方を、大なり小なり変えていくことになる。

　このように考えると、音楽療法と保育は、いわば相互補完的な関係にあることで、お互いの活動がより意義深いものとなるのではないだろうか。すなわち、一方では、音楽療法の視点や方法は、保育にとってはその独自の役割をよりよく成し遂げるための、極めて有効な一つの手段で

あり、保育の現場では積極的にそれを取り入れるべきである（このことは、本書全体の主張でもある）。そして、他方では、保育の場での「実践」は、音楽療法の場では対処しきれない部分を補いうるものであると同時に、方法の改善に活かせるものともなるのではないだろうか。

2　障害児をとりまく子どもたちの育ち

　保育の場であれば、音楽療法的アプローチの対象となる障害児だけではなく、周りの子どもも種々の活動にかかわることになる。それゆえ、保育者（や支援者。以下、同様）はそのことを積極的に活かした支援計画や環境づくりをしなければならない。言い換えれば、保育者は対象児を過度に特別視することなく、周囲との垣根ができないように配慮する必要がある。

　もちろん、初期の段階では、対象児をある程度は特別扱いする場面も出てくるであろう。それが全く不要な子どもであれば、そもそも音楽療法的アプローチをわざわざ試みるまでもないからだ。とはいえ、できる限りその特別扱いを次第になくしてゆくようにし、活動のあり方を日常生活の中に溶け込ませるよう保育者は努めるべきであろう。それは、普通の日常の中でよりよく生きていく能力を対象児が少しでも身につけられる機会を拡大するためである。

　しかし、一方でこのようなアプローチは、その対象となる子どものためだけのものではない。それは障害を抱えた子どもにとって有益であるのみならず、周りの子どもにとっても、かけがえのない学びの機会を与えるものとなる。

　対象児が周囲の子どもとのかかわりから何かを学ぶように、その周囲の子どももまた、対象児との日々の交渉の中で、様々なことを知らずしらずのうちにつかみ取るであろう。この点にも統合保育の意義がある。

3 保育者養成カリキュラムにおける音楽療法の可能性

　音楽療法的アプローチを行うには、保育者はその考え方と方法を学ばねばならない。とはいえ、その「何」を「いかに」学ぶべきかについては、試行錯誤を重ねつつ、さらに詳細な検討が必要である。

　音楽療法については、表面的な知識や技法を少し学ぶだけでは、保育の現場で役に立つものにはならない。だからといって、ただ、多くのことを詳細に学べばよいというものでもない。保育者は他にもやらなければならない多くの課題を抱えており、音楽療法の学習にそれほど時間や労力を割くゆとりはない。あくまでも、保育の具体的な目標や計画に即して、しかるべき意味をもつ知識や技能を選択的に学習することが必要である。

　理想をいえば、大学や短大での保育者養成カリキュラムの中に、音楽療法そのものではないにしても、その視点に立った教育法に関する内容が組み込まれていることが望ましい。そして、そこにどのような内容が盛り込まれるべきかの検討も含めて、これは今後の課題である。

4 自己肯定感を育む音楽活動

　他者とのコミュニケーションを不得手とする自閉症の（傾向のある）子どもは、集団生活には自分からはなかなか入りにくい。保育者には、そうした子どもが自然にうまく参加できるきっかけをつくることが求められる。

　その「きっかけ」となるのは、対象児の心を動かすものや事柄であろう。それゆえ、保育者はその点を素早く察知し、それを端緒として以後の活動を組み立てる必要がある。すなわち、そうしたものに即した教材を準備、提示して、子どもに興味をもたせ、それを使った活動の中で子

どもが満足感や自己肯定感を覚えられるように方向づけていくことが重要である。その点で楽器や歌は感覚にはたらきかける最適な教材である。もちろん、教材を用いる際には、対象児の発達の現状を考慮し、その時点で何を具体的に目指すのかを明確にしておくことが大切である。

5　音によるキャッチボールからやり取りへ

　コミュニケーションは必ずしも言語を介するものに限られるわけではない。言語を全く用いないものもありうる。とりわけ言語によるコミュニケーションを不得手とする子どもの場合、いきなりその改善に取り組むのではなく、その前段階として、非言語コミュニケーションがうまく活用できるのではないだろうか。

　それはすなわち、他者と何らかの行為の応酬、いわば「キャッチボール」をする体験である。例えば「くすぐり」の動作をし合ったり、手を交互に打ち合わせたりするなど、ごく簡単な、遊びに近いやり取りがそれにあたる。こうした経験を豊富に体験することは、子どもの心の中にある垣根を取り払う一助となろう。

　とはいえ、お互いの身体に直接触れ合うような行為は、ある種の子どもにとっては、最初はわずらわしい場合があるかもしれない（そもそも、それが最初から抵抗なくできるような子どもであれば、たとえ稚拙なものであったとしても、他者とのコミュニケーションをうまくこなすことが多い）。

　その点で、音楽のもつ適度な「間接性」、言い換えれば、「他者との距離」が、そうした子どもの他者に対する心理的負担を減らすうえで有効かもしれない。音楽活動は、他者と直接的に身体を触れ合う活動ではなく、「音」を通して間接的に感情で触れ合う活動であるからである。そして、この「触れ合い」が、一方では適度な距離を有しつつも、反面で身体での触れ合い以上に親密性を強めるものであることは、私たちが音

楽活動の中で日常的に体験し認識していることでもある。

　なお、「行為のキャッチボール」それ自体もさることながら、その過程で子どもが自分の行為とそれがもたらす結果に気づくことが、極めて重要である。その点で、楽器を通した他者とのやり取りは、その結果がすぐにお互いの音のあり方に反映されるために、子どもは自分の行為と、それがもたらすものをとらえやすくなる。そして、このような体験と「気づき」の積み重ねこそが、他者とかかわっていく心の構えを、子どもの中で少しずつ整えていくことになろう。

6　模倣のモデルは大人より子ども？

　子どもにとっては、身体の大きい大人よりも、他の幼児の動作や活動の方が模倣しやすい場合もあるのではないだろうか。

　それは、いろいろな面での「近さ」によると考えられる。すなわち、まず、「子ども」仲間であることが気安さをもたらす。個々の細かい点を抜きにすれば、人としての経験値や「見えてくる世界」のあり方は、「大人」であり、かつ、「先生」である保育者に比べて、子ども同士の方が格段に近い。それだけに、お互いに他の子どもの振る舞いも、何らかの共感をもって見えてくるだろう。そして、そのことが「模倣」のしやすさにつながるのではないだろうか。しかし、信頼感や確実な動作を模倣するという点においては、保育者に勝るモデルはないだろう。

　このように考えると、他者の「模倣」が重要な意味をもつ音楽療法的アプローチにおいては、この点に留意した働きかけが重要となってくることがわかる。すなわち、保育者は自分の行為・動作を対象児に模倣させるだけではなく、他の子どもも活動の中に取り込んで、お互いが模倣の応酬ができるような場を設定することが必要であろうし、また有効であろう。そして、その点では、音楽を活用した「遊び」は格好の場となるはずである。

7　こだわりからの解放

　様々な音楽体験を通して、他者の表現の意図をくみ取ろうとする力（つまり、ある種のコミュニケーション力）が子どもには生まれてくる。

　Ａ児の場合は、音楽活動の後に絵を描いて差し出してくれることがあった。その絵を見て筆者がＡ児の頭を撫でながら大喜びの表情を見せると、その後も続けて絵を描いて持ってくるようになった。ここでは筆者の表情を見て気持ちをくみ取ったからこそ、そうした行為をＡ児はしたのである。

　もちろん、これに対しては、「はたしてそれが音楽がもたらした変化かどうか、わからないではないか」という反論も成り立つ。しかし、「音楽がもたらした変化ではない」と言い切ることも不可能である。音楽活動の後に毎回、Ａ児がそうした行動に及んだのは事実だからである。

　ところで、このＡ児の一連の絵には、次第に内容や色使いに変化があらわれてきた。最初の絵の内容は、暗い色の線を数本書くだけのものであったが、徐々に明るい色使いによる人物や部屋の様子へと描写的な表現に着実に変化してきたのである。ここから、彼の成長ぶりの一端をうかがうこともできた。そこに音楽がどの程度どんなふうに関与しているのかは明らかにできないが、少なくとも心理的な変化に何らかのかたちで関わっているのは確かだろう。そして、同様な変化は音楽活動の面でも見られたのである。

　このように主体的に人や物とかかわろうとする力を発揮できるようになることは、Ａ児がそれまでもっていた何らかの心理的なこだわりから解放されつつあることのあらわれだとも考えられる。それはある種の「こだわり」が、自閉症児の行動を束縛するものであることを思い起こしてみると明らかである。

8 子どもに身近な素材

　いろいろなことに関心を示す幼児だが、とりわけ「食べ物」への関心は強いようである。日常生活の中で誰にとっても不可欠なものであり、それだけに話題になることも多い。子どもにとって空腹は耐え難いものであるし、食べ物の「好き嫌い」は大人にとってよりも、はるかに重大な問題である。すなわち、幼児の生活の中で「食べ物」は大きな比重を占めるものなのである。

　子どもの関心をとらえて、それに訴えることは、保育や教育の場面では極めて有効である。もちろんそれは「食べ物」に限る必要はなく、子どもの関心を惹きやすいものであればよい。「食べ物」はあくまでも、その一例である。

　このような子どもの関心（A児の場合は「食べ物」）をとらえ、働きかけの中に生かすことが重要である。言うまでもないことであるが、直接的に子どもの関心のあるものを示すのではなく、間接的に示すのである。例えば、歌詞に食べ物が出てくる歌（動物や乗り物の出てくる歌も同様である）などである。子どもが関心をもっているものが歌詞として登場するのと、しないのとでは、反応は違ってくる。

　実際に、A児の場合、〈やさいの音楽会〉にはすぐに反応を示している。もちろん多くの歌に都合よく「食べ物」の名前が登場するわけではない。しかし、それでもA児は替え歌遊びをする際、最初に「食べ物」の名を使っていたのである。やはり、身近な関心をもつものが登場するのである。しかも、この替え歌づくりはそこに留まらず、その後、A児は他の歌でも歌詞の素材を他のものに変えて、替え歌遊びを続けていったのである。このような子どもの自発的な活動の展開を保育者は見逃さず、さらにその場で発展させるべく支援を行うのが望ましい。

9　内界に蓄積された感情表現

　自閉症児が行為で表現したものは、内界に蓄積されたもののほんの一部であり、いわば「氷山の一角」にすぎない。もちろん、自閉症児に限らず、そうしたことは多かれ少なかれ誰にでも当てはまることだが、とりわけ自閉症児の場合にはその傾向が強い、ということがいえよう。

　例えば、自閉症児は他人と視線を合わそうとしない、あるいは、人の話を聴いていないように見えることが少なくない。だが、その彼らの内界では、そうした外見とはいささか異なるドラマが繰り広げられていることが多いようだ。

　そのことがわかるのは、そうした子どもが、かつて見られなかった表現をしたときである。それはあたかも、それまで外界から取り入れたものが内界で蓄積されて、それが一杯になったときに突然、噴出したかのごとしだ。それが「蓄積」だといえるのは、そのときの子どもの表現に、以前に彼らが種々の活動で触れた事柄の片鱗が見えるからである。すなわち、彼らは、自分なりの方法で外界からの刺激を取り込み、自分なりの方法で解釈をしているものが、何かのきっかけで表出するようである。

　それは初めのうちは、「突然の噴出」に留まるであろうが、その体験の積み重ね、自己の積極的かつ意図的な表現の素地となるものである。

　それゆえ、日々の活動の中で自閉症児が他からの働きかけに積極的な反応を示さなかったとしても、保育者は「表現の噴出」の瞬間を焦らずに待つ必要があろう。のみならず、それを引き出す刺激や「きっかけづくり」が大切となる。

10　楽器音によるやり取りがコミュニケーションへの一歩

　「自己表現」はコミュニケーションの第一歩である。まず自分から何

かを表現しないことには、他者とのコミュニケーションは始まらない。

しかしながら、それが「自己表現」の中に留まっているうちは、コミュニケーションはそれ以上進展しない。その表現の中に、他者からのメッセージへの応答を含むものへと表現が高められなければならないであろう。そうしたメッセージの応酬こそが、コミュニケーションの核をなすからである。

音楽活動はそうした表現の力を養うのに絶好の機会である。なぜなら、音楽活動においては、音遊びの中で楽しく他者とのやり取りができるからである。他の子どもと歌を合わせ、楽器で合奏をするには、メッセージのやり取りが必要不可欠である。そうしなければ、その場で一緒に一つの音楽を共有する活動が成立しない。

そうした活動が楽しいものであれば、自閉症児も積極的にそこに参加するようになり、次第に積極性も増してくるであろう。そして、そのことが他者との音楽におけるメッセージの応酬をこなす力を高め、ひいては音楽以外の場でのコミュニケーションにもつながりうる。

とはいえ、そのための「初期設定」をていねいに行ったうえで、その都度の適度な援助を行うのは、保育者の役割といえる。初期の段階では、保育者自らが活動に深く関与する必要があるが、次第にその役割を他の子どもにも委ね、自らは陰のコーディネーターとなっていくとよいだろう。保育者主導ではなく、自らの意思と判断で子どもがコミュニケーションを行えるようになることが重要だからである。

11　音楽とは何か？ の問いを

最後にやや蛇足になるかもしれないが、そもそも「音楽とは何か」という問いに対する今一度の反省が、保育に携わる研究者や保育者にとって重要であることを強調しておきたい。

保育者（教育者）は、「人間とは何か」、「発達とは何か」、「保育（教

育）とは何か」ということについては、日々問いつづけているはずである。ところが、「音楽」については、日々の暮らしの中であまりに身近なものであるために、自明な事柄に思われている。したがって、そもそも「音楽とは何か」ということがことさら意識されるまでには、なかなか至らない。

　ただ音楽を楽しむだけならば、もちろん、それでよい。しかし、保育に関わるある具体的な目的のために「音楽」を用いる（あるいは、音楽の活動を通して保育上の何らかの目的を達成する）場合には、それではすまない。「知っているつもり」の音楽そのもののあり方についても、保育に携わる者は再確認しておく必要があるのではないだろうか。そうでなければ、音楽の特徴を有効に活かすことは不可能である。

　それは何も難しい「哲学」や「理論」を知ることではない。具体的な音楽活動における援助のあり方を、自身の経験やリアルな体験に照らし合わせ振り返りつつ、あるいは、同じ目的に取り組む者同士の間で、問いかけることである。すなわち、「音楽とは何か？」、「音楽の何が子どもの成長・発達をうながすうえで役に立つのか？」、「それを成し遂げるためには、音楽を具体的にどのように用いればよいのか？」等々である。そして、こうした問いかけを続けることは、日々の実践にとって、決して無駄なことではないはずである。

おわりに

　本研究は、今後の課題を数多く残している。書き尽くすことはできないが、その代表的なものを挙げておきたい。
　まず、支援の内容・方法に関することである。
　第一に、対象児の性格・特性、ひいてはその都度の変容をより正確にとらえることで、さらに適切な支援が可能になるということである。
　例えば、A児は自閉症の一般的な傾向として、もともと、物事への「こだわり」が強いが、この点を踏まえて支援を行うべきであった。ところが、A児が楽しそうにしていると、筆者はつい、その活動を必要以上に長く続けさせてしまったように感じる。だが、これは「こだわり」の傾向をさらに強めてしまうことにもなりかねないので、避けるべきだったかもしれない。
　とはいえ、「自閉症の傾向……」と頭から決めつけてしまうのもよくないだろう。言語の扱いを苦手とする自閉症児は、歌を苦手とする傾向もある。とくにA児は歌を好まない子どもであり、そのため、筆者は楽器を中心とした支援を行った。しかし、次第にA児は、歌への苦手意識を克服してゆき、歌うことにも積極的になっていったのである。この変化をうまくとらえて、もっとさまざまな歌唱教材を用いれば、また、違った展開が可能だったはずである。ところが、「A児は歌が苦手」ということが筆者の頭から離れず、その好機を逃してしまったときもあったと思われる。また子どもの教材として便利な「わらべうた」をA児にも適切な段階で用いていれば、他者とのコミュニケーション力の向上に役立ったであろう。
　第二に、支援活動の中に周りの幼児もうまく取り込むのがよい、ということである。
　最初は筆者とA児の一対一の関係づくりから始まった支援だが、それだけに、つい、A児の気持ちを尊重するような活動に終始してしま

いがちだった。だが、最終的には対象児が自分で他者との関係を築けるようになるのが理想であり、そのための支援なのである。ある程度、支援者との関係づくりができれば、以降は周りの子どももその中にうまく取り込むべきだった、と今にして思う。もちろん、そうした配慮を全くしなかったわけではない。だが、もっと積極的に行った方がよかったのである。

例えば、こんなことがあった。あるとき、A児が他児の動作を模倣していたのであるが、よく見ると、筆者の動作を模倣するよりも、ずっとうまくできているのである。別の機会にも注意して見ていてもやはりそうなのだった。これはおそらく、同じ子ども同士の方がある種の気安さや、モデルとしての見やすさなどがあって、真似をしやすいのだろう。本論で述べたとおり、「模倣」の能力は自閉症児にとっては、ぜひとも向上させたい能力である。そして、同じ子ども同士の方が真似しやすいのだとすれば、支援活動の中で、うまく周りの子どもを登場させたいところだった。

とはいえ、その「周りの子ども」も、同じ保育の中に存在している。対象児の状況に子ども全体を合わせるわけにはいかないが、対象児が参加しやすい活動にすることで、周りの子どもにとっても何らかのプラスになるかたちをとる必要があるだろう。この点は、支援者(保育者)に配慮が求められるところであり、筆者にとって、そして、そもそも統合保育にとっての、今後の重要な課題である。

次に、研究面に関することである。

これは、事例の評価をもっと精緻に行う必要がある、という点に尽きる。

本研究では、実践の中での出来事を記述し、それをいくつかのカテゴリーに分類し、数値化して評価するという手法をとっている。それは個別の事例を他の事例と比較検討し、客観的なデータとして利用可能にするには必要な手続きである。数値を過信することはよくないことであるが、数値の信頼性を高める努力はいくらしても、し足りるものではない。

筆者の場合、まず、出来事の記述をより客観的、かつ、正確に行う余地があった。対象児への思い入れから、ついそこに「心情」が入り込んでしまいがちになり、それが時として「事実」の記述を曇らせることにつながった。あくまでもこの最初の記述がのちの数値化の材料なのだから、ここはきちんと押さえておきたいところである。また、数値化云々を抜きにして、実践記録であっても、「事実」と「評価」や「感想」はきちんと仕分けられるべきものであり、この点でも記述の正確性を欠く部分もあっただろう。

　また、カテゴリーの選び方とその分類についても、まだ工夫の余地があったかもしれない。例えば、第2章の「音楽の機能」のカテゴリーについてであるが、執筆時にはもちろん最善を尽くしたものの、今となってみれば、もう少しわかりやすくまとめられるような気がする（とはいえ、現時点では改良案はまだ浮かんでいない）。そして、カテゴリーがより精緻かつ的確なものとなれば、そこに出来事を分類するのも容易になる。これらの点も今後の課題である。

　ただし、ここにはもう一つ重要な問題が絡む。それは事例の数である。事例が少なければ、数値化には恣意性がどうしてもつきまとう。ある事柄を数値で評価するにしても、つきつめれば、それは主観的な判断ということになるからである。それでも、事例数が多くなれば、それだけ似たような事柄について比較検討が可能になり、恣意性も弱まる。その点、本研究は扱った事例が非常に少なく、数値化の精度に関しては、まだまだ問題が残るところである。とりわけ、「乳幼児の音楽行動の発達プロセススケール」の有用性を検証するには、どうしても多くの事例を検討する必要があった。しかし、今回は、まずは一つの事例を精査することが重要だったので、この数値化の問題についても、今後の課題とせざるを得ない。ただ、付言すれば、多くの事例を集めて、処理することは、到底一人でなし得ることではない。同じ問題意識をもつ研究者との共同作業が必要となってくるであろう。

　以上のように、本研究には多くの問題点が指摘できる。しかし、一つ

の事例とその分析・考察を示し、保育の場における音楽療法の視点に立った支援の重要性を訴えることができたという点で、本書は一定の責務を果たすことができたと考える。もちろん、これは通過点にすぎない。今後の実践と研究でさらなる進展を目指したい。

　本書は、筆者が2011年度に兵庫教育大学に提出した博士論文「保育における自閉症児への音楽療法的活動による支援」に修正を加えたものです。

　兵庫教育大学教授・名須川知子先生には、博士論文の構想、執筆、審査に至るまで並々ならぬ御指導、御助言をいただきました。また、対象となりました園児の所属する幼稚園の諸先生方からは様々な御協力をいただきました。さらに、関西学院大学教育学部の諸先輩および同僚の先生方には、多くの励ましを頂戴いたしました。ここに深く感謝申し上げます。

　なお、本書は関西学院大学より出版助成を受けました。関西学院大学の関係機関および、関西学院大学出版会の担当者の皆様に、心より御礼申し上げます。

著者略歴

谷村宏子（たにむら ひろこ）

関西学院大学教育学部准教授

1991年　兵庫教育大学大学院学校教育研究科芸術系音楽コース修了
2001年　日本音楽療法学会認定音楽療法士
2011年　兵庫教育大学大学院連合学校教育学研究科・学校教育臨床コース修了

博士（学校教育学）

保育における音楽活動理論、音楽療法に関心をもつ。
「幼児教育者のためのピアノ曲集」「やさしい弾き歌い75」「弾き歌い曲集：おいしいってうれしいね」などの著書がある。

関西学院大学研究叢書　第152編

音楽療法の視点に立った保育支援の試み
実践記録の分析と新たな提案

2012年3月31日初版第一刷発行

著　者　谷村宏子

発行者　田中きく代
発行所　関西学院大学出版会
所在地　〒662-0891
　　　　兵庫県西宮市上ケ原一番町1-155
電　話　0798-53-7002

印　刷　石川特殊特急製本株式会社

©2012 Hiroko Tanimura
Printed in Japan by Kwansei Gakuin University Press
ISBN 978-4-86283-108-8
乱丁・落丁本はお取り替えいたします。
本書の全部または一部を無断で複写・複製することを禁じます。
http://www.kwansei.ac.jp/press/